MARCOS REGULATÓRIOS DA INDÚSTRIA BRASILEIRA DE PETRÓLEO E GÁS NATURAL E A EXPERTISE NORUEGUESA

FLÁVIO PANSIERI

MARCOS REGULATÓRIOS DA INDÚSTRIA BRASILEIRA DE PETRÓLEO E GÁS NATURAL E A EXPERTISE NORUEGUESA

Belo Horizonte

FÓRUM
CONHECIMENTO JURÍDICO

2019

© 2019 Editora Fórum Ltda.

É proibida a reprodução total ou parcial desta obra, por qualquer meio eletrônico, inclusive por processos xerográficos, sem autorização expressa do Editor.

Conselho Editorial

Adilson Abreu Dallari
Alécia Paolucci Nogueira Bicalho
Alexandre Coutinho Pagliarini
André Ramos Tavares
Carlos Ayres Britto
Carlos Mário da Silva Velloso
Cármen Lúcia Antunes Rocha
Cesar Augusto Guimarães Pereira
Clovis Beznos
Cristiana Fortini
Dinorá Adelaide Musetti Grotti
Diogo de Figueiredo Moreira Neto
Egon Bockmann Moreira
Emerson Gabardo
Fabrício Motta
Fernando Rossi
Flávio Henrique Unes Pereira

Floriano de Azevedo Marques Neto
Gustavo Justino de Oliveira
Inês Virgínia Prado Soares
Jorge Ulisses Jacoby Fernandes
Juarez Freitas
Luciano Ferraz
Lúcio Delfino
Marcia Carla Pereira Ribeiro
Márcio Cammarosano
Marcos Ehrhardt Jr.
Maria Sylvia Zanella Di Pietro
Ney José de Freitas
Oswaldo Othon de Pontes Saraiva Filho
Paulo Modesto
Romeu Felipe Bacellar Filho
Sérgio Guerra
Walber de Moura Agra

CONHECIMENTO JURÍDICO

Luís Cláudio Rodrigues Ferreira
Presidente e Editor

Coordenação editorial: Leonardo Eustáquio Siqueira Araújo

Av. Afonso Pena, 2770 – 15º andar – Savassi – CEP 30130-012
Belo Horizonte – Minas Gerais – Tel.: (31) 2121.4900 / 2121.4949
www.editoraforum.com.br – editoraforum@editoraforum.com.br

P196m	Pansieri, Flávio
	Marcos regulatórios da indústria brasileira de petróleo e gás natural e a expertise norueguesa / Flávio Pansieri. – Belo Horizonte : Fórum, 2019.
	129p. ; 14,5cm × 21,5cm.
	ISBN: 978-85-450-0520-9
	1. Petróleo. 2. Gás natural. 3. Sistemas regulatórios. I. Título.
	CDD: 665.61
2018-424	CDU: 338.27282

Informação bibliográfica deste livro, conforme a NBR 6023:2002 da Associação Brasileira de Normas Técnicas (ABNT):

PANSIERI, Flávio. *Marcos regulatórios da indústria brasileira de petróleo e gás natural e a expertise norueguesa*. Belo Horizonte: Fórum, 2019. 129 p. ISBN 978-85-450-0520-9.

LISTA DE FIGURAS

Figura 1 Oferta interna de energia no Brasil, em 1970
Figura 2 Oferta interna de energia no Brasil, em 2015
Figura 3 Produção de energia primária no Brasil entre 2000 e 2015: energias renováveis, não renováveis e petróleo
Figura 4 Produção brasileira de petróleo, entre 1970 e 2015
Figura 5 Distribuição das reservas mundiais de petróleo comprovadas até 2014
Figura 6 Organização institucional do marco regulatório brasileiro
Figura 7 Produção de Energia Primária no Brasil em porcentagem (período de 2008-2016)
Figura 8 Produção de Energia Primária em números (período de 2008-2016)
Figura 9 Fluxo Energético Nacional (ano base 2016)
Figura 10 Diferentes modelos de conteúdo local
Figura 11 Oferta de Conteúdo Local (CL) médio por rodadas da ANP
Figura 12 Fluxo de caixa do governo norueguês oriundo das atividades petrolíferas
Figura 13 Organização institucional do marco regulatório norueguês
Figura 14 Dependência externa de energia, entre 1970 e 2015

SUMÁRIO

INTRODUÇÃO 9

CAPÍTULO 1
O AVANÇO DA INDÚSTRIA DE PETRÓLEO E GÁS NATURAL
NO BRASIL E SUA IMPORTÂNCIA ESTRATÉGICA 11

1.1 A redefinição normativa e institucional do setor a partir
da Constituição de 1988 15

CAPÍTULO 2
A INDÚSTRIA DO PETRÓLEO E GÁS NATURAL NO BRASIL E O
DESENVOLVIMENTO DE SEU MODELO REGULATÓRIO 23

2.1 Modelo de concessão 31
2.2 Modelos de partilha de produção e cessão onerosa 39

CAPÍTULO 3
O MODELO REGULATÓRIO DA INDÚSTRIA DO PETRÓLEO E
GÁS NATURAL NA NORUEGA 43

CAPÍTULO 4
A EXPERTISE DA NORUEGA, CRISES DO SETOR E
ALTERNATIVAS POLÍTICO-GOVERNAMENTAIS: O PRESENTE E
O FUTURO DO SEGMENTO NO BRASIL 55

CONSIDERAÇÕES FINAIS 65

REFERÊNCIAS 69

ANEXOS
LEGISLAÇÃO RELACIONADA 73
Lei nº 9.478, de 6 de agosto de 1997 73
Lei nº 10.847, de 15 de março de 2004 100
Lei nº 12.276, de 30 de junho de 2010 103
Lei nº 12.304, de 2 de agosto de 2010 105

Lei nº 12.351, de 22 de dezembro de 2010 110
Decreto nº 8.637, de 15 de janeiro de 2016 127

INTRODUÇÃO

A prospecção do petróleo e seus derivados constituem parcela importante do produto interno bruto das principais economias do mundo. Embora já existam grandes empresas que projetam a redução em seu uso, tendo em vista reduzir a emissão de gases poluentes para a atmosfera, esta matriz energética ainda é largamente utilizada em todo o mundo e continuará sendo por mais algumas décadas.

Certo é que a cadeia de exploração e produção (E&P) estrutura o setor que mais contribui diretamente com a economia brasileira. Segundo dados da Agência Nacional do Petróleo, Gás Natural e Biocombustíveis – ANP, o Brasil possui vinte e nove bacias sedimentares havendo interesse em estudos geológicos pelo potencial de existência de hidrocarbonetos, o que constitui uma área de mais de sete milhões de quilômetros quadrados. Uma pequena parte deste todo já está em produção.

A projeção para os próximos anos é de grande potencial petrolífero, seja em novas descobertas seja em crescimento do consumo que se mostra contínuo, saltando de 2.313 mil barris/dia em 2007 para 3.018 mil barris/dia em 2016.[1]

Todo este segmento é fundamental para o desenvolvimento econômico e social brasileiro. Tratando-se do setor que responde por 15% do PIB de modo direto mediante tributos e outros instrumentos (bônus de assinatura,[2] royalties[3] e participações), o que contribui para a ramificação da indústria em inúmeras de suas atividades congêneres, além de influenciar a pesquisa e aprimoramento tecnológico que impacta em diversos ramos, a indústria de E&P pode ser manejada para ser um agente de desenvolvimento econômico e social.

---

[1] BRASIL. ANP. Anuário Estatístico 2017. Disponível em: <http://www.anp.gov.br/wwwanp/publicacoes/anuario-estatistico/3819-anuario-estatistico-2017#Seção 2>. Acesso em: 28 ago. 2017.

[2] Valor pago pela empresa ou consórcio para ter o direito de exploração.

[3] Corresponde à compensação financeira devida à União, aos Estados, ao Distrito Federal e aos Municípios pela exploração e produção de petróleo, de gás natural e de outros hidrocarbonetos fluidos.

Um elemento que une estas duas dimensões é o conteúdo local. Baseado na expertise norueguesa de cinquenta anos, trata-se do compromisso que as empresas ou consórcios assumem com o Estado brasileiro quando assinam um contrato de concessão para a exploração e produção de petróleo e gás natural. O objeto deste compromisso é a aquisição de bens e serviços nacionais em uma porcentagem mínima e máxima estabelecida contratualmente durante a vigência da outorga. A cláusula de conteúdo local tem constado nos contratos de concessão para a exploração de áreas com potencial petrolífero desde 1999, quando se realizou o primeiro leilão promovido pela ANP – Agência Nacional do Petróleo, Gás Natural e Biocombustíveis.

O presente livro tem por finalidade abordar a importância estratégia da indústria de petróleo e gás natural para a economia nacional. Além disso, pretende-se ainda, em um estudo comparado, analisar a política de conteúdo local adotada no Brasil. Imperioso ressaltar, desde já, que tal medida se mostra oportuna segundo um olhar desenvolvimentista nacional, especialmente em razão destes progressos afetarem localidades que por diversos fatores muitas vezes não conseguem captar recursos federais para a realização de investimentos estratégicos.

Ressaltando-se a importância desta política ao desenvolvimento nacional, em especial pela grandeza estratégica do setor de petróleo e gás à economia brasileira, tratar-se-á inicialmente da evolução do setor de petróleo no Brasil sob um viés normativo, político e econômico, de modo a se verificar a importância deste segmento para a economia do país. Estabelecida tal premissa, abordar-se-ão as matrizes energéticas nacionais e os marcos regulatórios da indústria de petróleo e gás no Brasil – concessão, regime de partilha de produção e cessão onerosa –, apontando conceitos e características fundamentais.

Esta dinâmica da pesquisa tem como objetivo estruturar a indústria nacional para que seja possível, em seguida, estabelecer um quadro geral sobre o marco regulatório estabelecido na Noruega na década de 1960 e que consolidou o modelo de conteúdo local adotado pelo governo brasileiro quando da realização das rodadas de licitação para contratação de empresas de E&P. Por fim, após vislumbrar as principais razões para o êxito norueguês, far-se-á uma análise crítica sobre os desafios do setor de exploração e produção de petróleo e gás natural para a indústria nacional.

CAPÍTULO 1

O AVANÇO DA INDÚSTRIA DE PETRÓLEO E GÁS NATURAL NO BRASIL E SUA IMPORTÂNCIA ESTRATÉGICA

Energia é sinônimo de realização, de ação, de construção. Para a física, a energia (representada por "E") é a capacidade que um corpo, uma substância ou um sistema físico têm de realizar trabalho (a força necessária para um determinado deslocamento).

A preocupação energética é histórica, seja no contexto de uma comunidade ou na busca por fontes de energia na luta pessoal pela sobrevivência. Ao dominar as técnicas agropastoris, as pessoas puderam deixar o nomadismo e constituir pequenos agrupamentos. Sob o olhar de Aristóteles (2000, p. 146), a união de algumas famílias dá vazão às aldeias e depois aos Estados. Logo, embora a princípio não seja clara a relação com o Estado, tudo demanda alguma discussão sobre energia.

Com relação às matrizes energéticas disponíveis, é possível dizer que o mundo não foi o mesmo desde fins do século XIX, quando se aprimorou a utilidade do petróleo para a indústria. Hoje, consoante Celso Antonio Pacheco Fiorillo e Renata Marques Ferreira (2015, p. 127-128), poucos são os aspectos da vida que passam, direta ou indiretamente, pelo ciclo deste hidrocarboneto. Quase tudo no planeta é transportado tendo o petróleo como combustível propulsor, cujos derivados são utilizados na produção de asfalto, borracha sintética, cosméticos, lubrificantes, remédios, corantes alimentares, fertilizantes, plásticos, parafinas, entre outros.

Enquanto a indústria do petróleo e gás natural teve surgimento em meados do século XIX nos Estados Unidos,[4] o segmento no Brasil se

---

[4] Melissa Mathias (2010, p. 48-50), ao desenvolver o histórico da indústria de petróleo, lembra que, de 1857 a 1883, os Estados Unidos respondiam pela quase totalidade da produção

desenvolveu ao longo do século XX. O apogeu da descoberta do Petróleo em território nacional se confunde com a criação da Petrobras, embora a exploração de minérios no subsolo brasileiro tenha sido discutida ainda durante o período imperial. Gilberto Bercovici (2011, p. 55-57), no livro *Direito Econômico do Petróleo e Recursos Minerais*, lembra que a busca por pedras preciosas foi um dos principais motivos pelo Brasil ter se mantido colônia de Portugal. A legislação vigente nesta época eram as Ordenações Filipinas, que estabelecia o sistema regalista, no qual se outorga o direito de exploração sob a condição do pagamento do quinto real, uma quantia sobre o produto da lavra.

Ocorrida a independência e a posterior proclamação da República brasileira, a legislação precisou evoluir de modo a tornar possível a criação da Petrobras e o desenvolvimento desta indústria. Até então, segundo Bercovici (2016, p. 195), a comercialização de combustíveis no Brasil ocorria pelas subsidiárias *Standard Oil*, *Anglo-American*, *Atlantic Refining Company*, *Texas Company* e *Caloric Company*.

O Código de Minas (Decreto 24.642) foi editado em 1934 por Getulio Vargas, tratando-se de documento no qual se estabeleceu uma secção entre a propriedade do solo e do subsolo. O *caput* do artigo 4º do Decreto enunciava que a "jazida é bem immovel e tida como cousa distincta e não integrante do solo em que está encravada. Assim a propriedade da superficie abrangerá a do sub-solo na forma do direito comumm, exceptuadas, porem, as substancias mineraes ou fosseis uteis á industria". O direito do proprietário do solo sobre a jazida se limitava à preferência no que tange à "concessão da lavra ou á coparticipação" (art. 6º). Estas normas seguiam o preceito da posterior Constituição de 1934, que resguardava à União o direito de autorizar ou conceder a exploração das jazidas.

O Código de Minas de 1934 foi derrogado por força do Decreto 585 de 1936, mas teve seus efeitos "reestabelecidos". Originalmente o Código não disciplinava o petróleo, mas ganhou um capítulo único incluído pelo Decreto-Lei nº 366 de 1938. O artigo 97 dizia que "as jazidas de petróleo e gases naturais acaso existentes no território nacional pertencem aos Estados ou à União, a título de domínio privado imprescritível". A regra, portanto, era que as jazidas pertenceriam à

---

mundial. Ainda durante a Primeira Guerra, este país detinha 65% da produção sob seu controle, exportando aos países aliados que necessitavam deste hidrocarboneto para alimentar as suas frotas navais armadas. No pós-guerra, por sua vez, a Holanda, a França e a Inglaterra passaram a operar em localidades com alto potencial de produção, como Oriente Médio, Venezuela e México.

União, salvo na hipótese de elas terem sido alienadas pelos estados com reserva expressa ou tácita da propriedade mineral.

Ainda no período Vargas, a Constituição de 1937 manteve os preceitos da anterior (1934), pontuando que "a lei regulará a nacionalização progressiva das minas, jazidas minerais e quedas d'água ou outras fontes de energia assim como das indústrias consideradas básicas ou essenciais à defesa econômica ou militar da Nação" (art. 144). Em 1938, o Decreto-Lei nº 395 criou o CNP – Conselho Nacional do Petróleo, órgão vinculado ao Presidente da República, responsável pela regulação e controle de toda a cadeia do petróleo (importação, exportação, distribuição e comércio). Toda esta campanha de nacionalização do petróleo levada a cabo por Getúlio Vargas, em especial no ano de 1938, ocorreu antes mesmo de sua descoberta, ocorrida pela primeira vez na Bahia, em 1939.

Deste modo, a junção dos esforços governamentais e de pesquisas do setor contribuíram para que em 1953, Getúlio Vargas, que retornara à Presidência da República nos "braços do povo", promulgasse a Lei nº 2.004, instituindo a Petrobras e o monopólio estatal do petróleo no Brasil. As autorizações das refinarias instaladas e em funcionamento até 30 de junho de 1952 foram mantidas, mas a lei estabeleceu critérios para que as empresas não pudessem prosperar: em primeiro lugar, porque não seria dada autorização para a ampliação de sua capacidade (art. 45) e, finalmente, em razão de a Petrobras ter competência para participar como acionista majoritária de todas as refinarias instaladas no país, tornando-se subsidiárias da estatal (art. 46 e parágrafo único).

A expansão da Petrobras ocorreu em paralelo ao governo militar, quando, pelos Decretos-Leis, foi lhe conferida autonomia administrativa. Neste período foram criadas algumas subsidiárias, como a Interbras (que fazia o comércio exterior à Petrobras e foi extinta em 1990 durante o governo Fernando Collor), a Petromisa (voltava-se para a extração de cloreto de potássio e também foi extinta no governo Collor), além da BR Distribuidora (que atua na distribuição e comercialização de combustíveis derivados de petróleo, biocombustíveis, lubrificantes, produtos químicos e emulsões asfálticas).

Já neste período é possível observar que o petróleo era a segunda matriz energética mais importante do Brasil. A primeira era a lenha e o carvão, que representava quase a metade da oferta interna de energia. A energia hidráulica representava somente 5% de toda a oferta energética em nível nacional.

Figura 1: Oferta interna de energia no Brasil, em 1970[5]

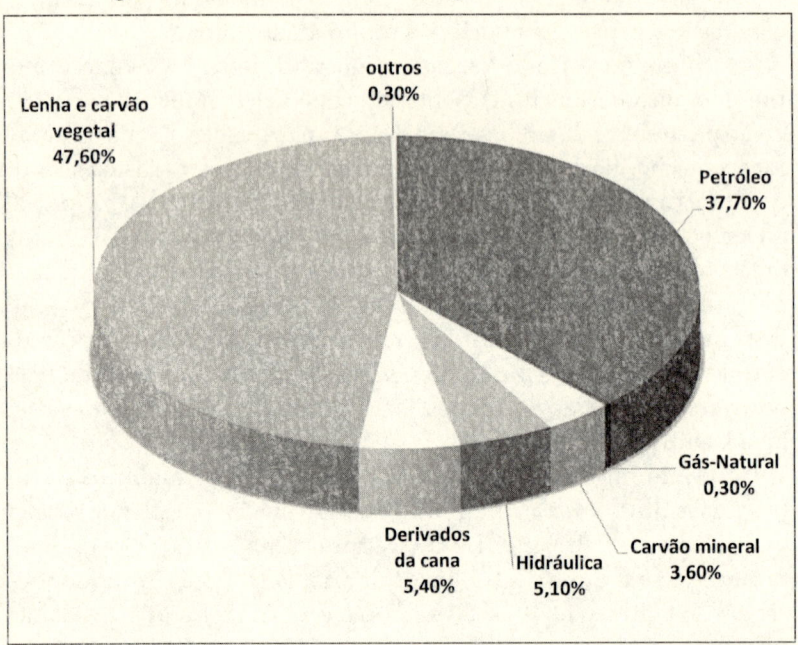

Todo o aparato logístico e o crescimento oriundo do investimento feito pelo governo brasileiro propiciaram as grandes descobertas realizadas pela petrolífera nacional. Bercovici (2011, p. 196-197) lembra que, ainda na década de 1960, a empresa se focou na plataforma continental, tendo o seu primeiro êxito em 1968 no Campo de Guaricema, no estado de Sergipe. Seis anos depois, deu-se a descoberta do campo de Garoupa, o primeiro da Bacia de Campos. A exploração deste imenso reservatório trouxe o desafio da prospecção a mais de 100 metros de profundidade.

Ao aperfeiçoar esta tecnologia, a Petrobras caminhou para outras descobertas importantes, estando quase a totalidade das reservas de petróleo localizadas em alto-mar (os principais campos em águas profundas descobertas pela empresa foram Albacora, Marlim, Roncador, Barracuda e Caratinga). Seguindo a tendência das últimas décadas, o petróleo se tornou a principal fonte energética nacional.

---

[5] Gráfico elaborado pelo autor. Os dados foram extraídos de: BRASIL. Empresa de Pesquisa Energética. *Balanço Energético Nacional 2016*: ano base 2015. Rio de Janeiro: EPE, 2016.

1.1 A redefinição normativa e institucional do setor a partir da Constituição de 1988

A ordem jurídica estabelecida pela Constituição de 1988 permitiu que a indústria brasileira de E&P se estabelecesse em definitivo. O principal fator nesta equação foi o fim do monopólio estatal na exploração e produção na cadeia de petróleo e gás natural, que perdurou de 1953 a 1995. O refino do hidrocarboneto se manteve como regime de monopólio da União, integrado à cadeia de abastecimento nacional de combustíveis que é considerado serviço de utilidade pública (§1º, art. 1º da Lei nº 9.847/1999). Bercovici (2016, p. 205) lembra que historicamente a Administração Pública sempre determinou os preços dos combustíveis (o que se denomina "preços administrados"), jamais tendo ocorrido pela via do mercado.

O legislador constituinte estabeleceu a ordem econômica sobre as premissas da valorização do trabalho e da livre iniciativa, primando pela existência digna de todas as pessoas. Tendo em vista esta arquitetura fundamental, foram enunciados os princípios que constam do artigo 170 da Constituição.[6] Por sua vez, os artigos 175 a 177 da Constituição estabelecem as condições para a cadeia de exploração e produção da indústria de petróleo. O art. 175 determina que a prestação de serviços por parte do Poder Público ocorrerá diretamente ou sob regime de concessão ou permissão.

O art. 176, por sua vez, estabelece a propriedade da União sobre as jazidas (em lavra ou não) e demais recursos minerais e os potenciais de energia hidráulica, constituindo-se propriedade distinta da do solo para efeito de exploração ou aproveitamento. Embora pertencente à União, é garantido ao concessionário a propriedade do produto da lavra. A pesquisa e a lavra podem ser conduzidas por brasileiros ou empresa constituída sob as leis brasileiras e que tenha sua sede e administração no País mediante autorização ou concessão da União e tendo como finalidade o interesse nacional. Imperioso lembrar que a lei estabelecerá as condições quando estas atividades ocorrerem em faixa de fronteira ou terras indígenas, ressalvado o disposto no art. 206, §3º.[7]

---

[6] São princípios da ordem econômica: I – soberania nacional; II – propriedade privada; III – função social da propriedade; IV – livre concorrência; V – defesa do consumidor; VI – defesa do meio ambiente, inclusive mediante tratamento diferenciado conforme o impacto ambiental dos produtos e serviços e de seus processos de elaboração e prestação; VII – redução das desigualdades regionais e sociais; VIII – busca do pleno emprego; IX – tratamento favorecido para as empresas de pequeno porte constituídas sob as leis brasileiras e que tenham sua sede e administração no País.

[7] Artigo 206, §3º O aproveitamento dos recursos hídricos, incluídos os potenciais energéticos, a pesquisa e a lavra das riquezas minerais em terras indígenas só podem ser efetivados

O art. 177 da Constituição estabelece os monopólios da União. São eles: I – a pesquisa e a lavra das jazidas de petróleo e gás natural e outros hidrocarbonetos fluidos; II – a refinação do petróleo nacional ou estrangeiro; III – a importação e exportação dos produtos e derivados básicos resultantes das atividades previstas nos incisos anteriores; IV – o transporte marítimo do petróleo bruto de origem nacional ou de derivados básicos de petróleo produzidos no País, bem assim o transporte, por meio de conduto, de petróleo bruto, seus derivados e gás natural de qualquer origem; V – a pesquisa, a lavra, o enriquecimento, o reprocessamento, a industrialização e o comércio de minérios e minerais nucleares e seus derivados, com exceção dos radioisótopos cuja produção, comercialização e utilização poderão ser autorizadas sob regime de permissão, conforme as alíneas *b* e *c* do inciso XXIII do *caput* do art. 21 desta Constituição Federal.

Contudo, desde a promulgação da Constituição em 1988, outras normas foram criadas para regulamentar o setor. Em 1995, o Congresso Nacional publicou a Emenda Constitucional 9, que permitiu a contratação de empresas e consórcios nacionais ou estrangeiros em concorrência com a Petrobras para a realização das atividades dos incisos I a IV, tendo como critérios: i) que tais empresas ou consórcios fossem constituídos sob as leis brasileiras; e ii) que tivessem sua sede e administração no Brasil. Esta alteração instaurou em nível constitucional o regime de concessão no Brasil – no qual o Estado outorga a um particular o direito de explorar petróleo em uma determinada área sob sua conta e risco – e sua regulamentação foi estabelecida em nível infraconstitucional no ano de 1997, com a Lei nº 9.478 (GRAU, 1998, p. 301; NETO, 2014, p. 38).

A Lei nº 9.478/1997, embora seja conhecida como Lei do Petróleo, define também os objetivos da política energética brasileira. São eles: i) a preservação do interesse nacional e a garantia do fornecimento dos derivados de petróleo em todo o território nacional; ii) a promoção do desenvolvimento, com a ampliação do mercado de trabalho e da competitividade do país no mercado internacional e a valorização dos recursos petrolíferos; iii) a atração de investimentos na produção de energia e a promoção da livre concorrência; iv) a proteção do meio ambiente e dos interesses do consumidor, quanto a preço, qualidade e oferta dos produtos, dentre outros.

Vê-se que a política energética não abrange apenas as empresas, mas há uma preocupação com os brasileiros, de modo geral, quando se busca a preservação do interesse nacional. Em igual medida, busca-se

---

com autorização do Congresso Nacional, ouvidas as comunidades afetadas, ficando-lhes assegurada participação nos resultados da lavra, na forma da lei.

também garantir as prerrogativas dos consumidores e da competitividade industrial, além de desenvolver a economia com a promoção do uso sustentável do meio ambiente. Tais objetivos enaltecem o presente e o futuro do Brasil, lançando a estrutura fundamental para se obter o desenvolvimento responsável perante os cidadãos, as empresas e no uso do meio ambiente.

Dentre os principais dispositivos da Lei do Petróleo, destacam-se: criação do Conselho Nacional de Política Energética (CNPE); definições técnicas do setor; criação e estruturação da Agência Nacional do Petróleo, Gás Natural e Biocombustíveis (ANP); regulação da cadeia de exploração, desenvolvimento e produção de petróleo e de gás natural; regulação acerca do refino de petróleo e do processamento de gás natural; regulação acerca do transporte de petróleo, seus derivados e gás natural; e readequação da Petrobras após a flexibilização do monopólio que possuía.

Deste modo, o marco normativo estabelecido no Brasil nas duas décadas que se seguiram à promulgação da Constituição de 1988 buscou reorganizar a indústria para um novo momento, de maior competitividade. Neste período, a ANP passou a realizar os leilões para a concessão de áreas de E&P. Em 2007, porém, a descoberta do Pré-Sal, um gigantesco depósito com cerca de 800 x 200 quilômetros, que se estende do litoral do Espírito Santo até Santa Catarina, motivou a organização de um novo momento no segmento.

Para encarar este novo desafio, foi necessário acrescentar hipóteses novas de exploração e produção ao marco regulatório existente até então na indústria brasileira. Criou-se, assim, os regimes de partilha de produção e cessão onerosa, instituídos pelas leis 12.276 e 12.351 de 2010. A razão para o governo buscar a maximização da produção no Pré-Sal é bem simples, sintetizada por Scaff (2014, p. 43): sendo um produto escasso e inexistindo um mapeamento mundial de todas as reservas existentes, podem ser descobertos novos blocos exploratórios, impactando no preço do petróleo no mercado mundial.

O último capítulo desta história que redefiniu a cadeia de E&P brasileira se deu em 2016, com a instituição do Programa de Estímulo à Competitividade da Cadeia Produtiva, ao Desenvolvimento e ao Aprimoramento de Fornecedores do Setor de Petróleo e Gás Natural – PEDEFOR. Após um balanço de duas décadas e meia de mudanças, o PEDEFOR visa aprimorar a indústria e corrigir seus gargalos, tendo como objetivos: I – elevar a competitividade da cadeia produtiva de fornecedores no País; II – estimular a engenharia nacional; III – promover a inovação tecnológica em segmentos estratégicos; IV – ampliar a cadeia de fornecedores de bens, serviços e sistemas produzidos no País; V – ampliar o nível de conteúdo local dos fornecedores já instalados; e VI – estimular a criação de empresas de base tecnológica.

Toda esta conjuntura nacional, somado à crescente importância que o petróleo e seus derivados adquiriram a partir da segunda metade do século XX, provocaram grandes transformações nas matrizes energéticas nacionais. Isto fica claro na comparação entre o gráfico indicado anteriormente e o seguinte, nos quais se demonstra a manutenção da importância estratégica do setor, embora a matriz como um todo tenha sido alterada substancialmente.

Em 1970, eram a lenha e o carvão vegetal que dominavam em termos de produção e consumo, enquanto em 2015, representavam apenas 8% da oferta total brasileira. Destaque para o aumento das energias hidráulica, uso do gás natural e derivados da cana. No caso da energia hidráulica e do uso do gás natural, Célio Eduardo Martins Vaz (*et al.*) destaca que a opção por energias renováveis em todo o mundo se deu a partir da Rio 1992 e Protocolo de Kyoto (VAL, 2008).

Figura 2: Oferta interna de energia no Brasil, em 2015[8]

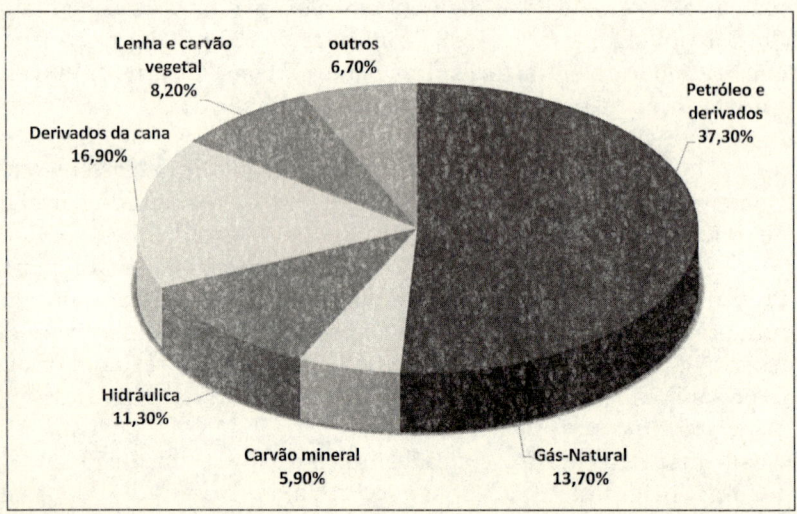

---
[8] Gráfico elaborado pelo autor. Os dados foram extraídos de: BRASIL. Empresa de Pesquisa Energética. *Balanço Energético Nacional 2016*: ano base 2015. Rio de Janeiro: EPE, 2016.

Neste período, é oportuno lembrar que a economia brasileira cresceu e se diversificou. Tanto a produção como o consumo de energia tiveram crescimento considerável, tendo o petróleo adquirido destaque ímpar no contexto nacional. Em 2015, pela primeira vez, a produção de petróleo e seus derivados foi maior do que de todas as energias renováveis, consoante se verifica no gráfico a seguir.

Figura 3: Produção de energia primária no Brasil entre 2000 e 2015: energias renováveis, não renováveis e petróleo[9]

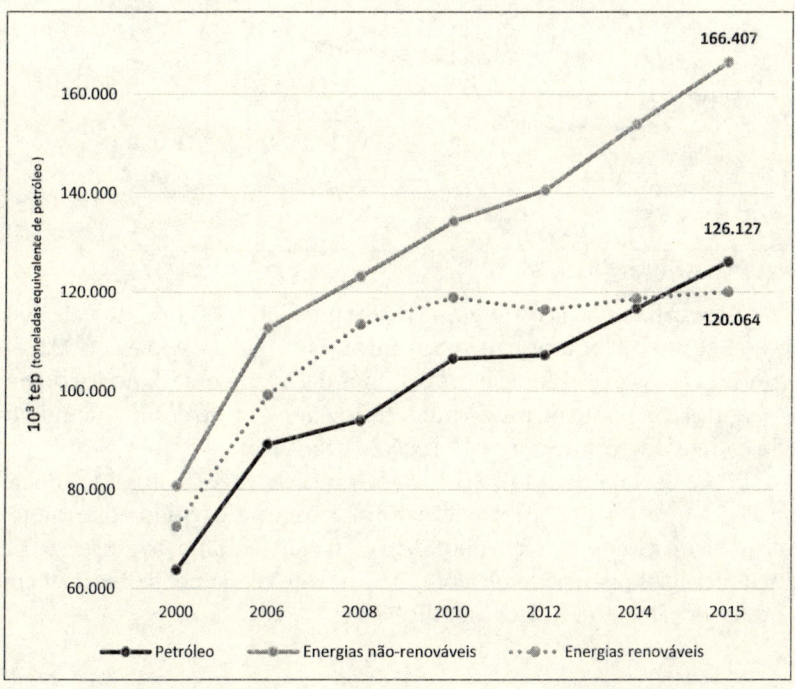

A produção de petróleo segue uma cadência de crescimento progressivo, consoante figura a seguir:

---

[9] Gráfico elaborado pelo autor. Os dados foram extraídos de: BRASIL. Empresa de Pesquisa Energética. *Balanço Energético Nacional 2016*: ano base 2015. Rio de Janeiro: EPE, 2016.

Figura 4: Produção brasileira de petróleo, entre 1970 e 2015[10]

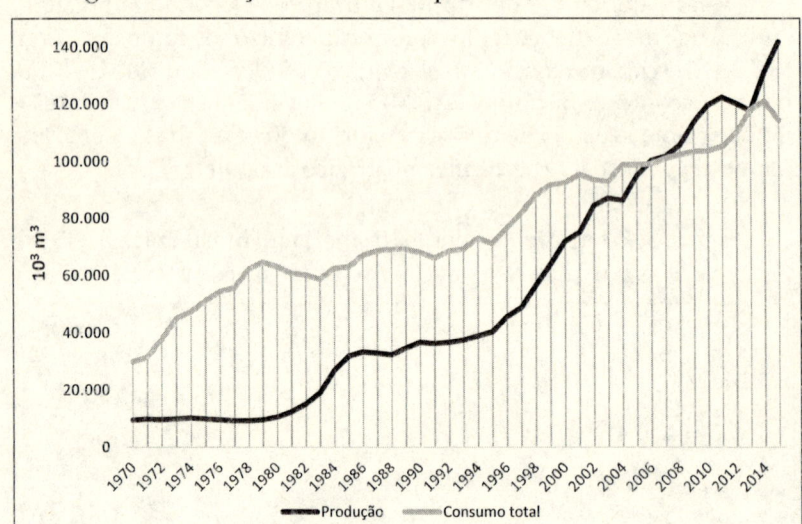

A mudança na cadeia energética brasileira, em prol do petróleo, pode ser explicada graças a um fator estratégico. A descoberta de grandes áreas de exploração nas últimas décadas fez da América do Sul e Central um ponto de muito interesse no que toca ao desenvolvimento da cadeia de exploração e produção e derivados.

Consoante estudo da BP (2015), em 1994 a região possuía apenas 7,3% das reservas comprovadas (era a segunda região com menor quantia de reservas). Vinte anos depois, o valor subiu para quase 20,0%, ficando atrás apenas do Oriente Médio. Este crescimento exponencial pode ser visto no gráfico a seguir:

---

[10] Gráfico elaborado pelo autor. Os dados foram extraídos de: BRASIL. Empresa de Pesquisa Energética. *Balanço Energético Nacional 2016*: ano base 2015. Rio de Janeiro: EPE, 2016.

Figura 5: Distribuição das reservas mundiais
de petróleo comprovadas até 2014[11]

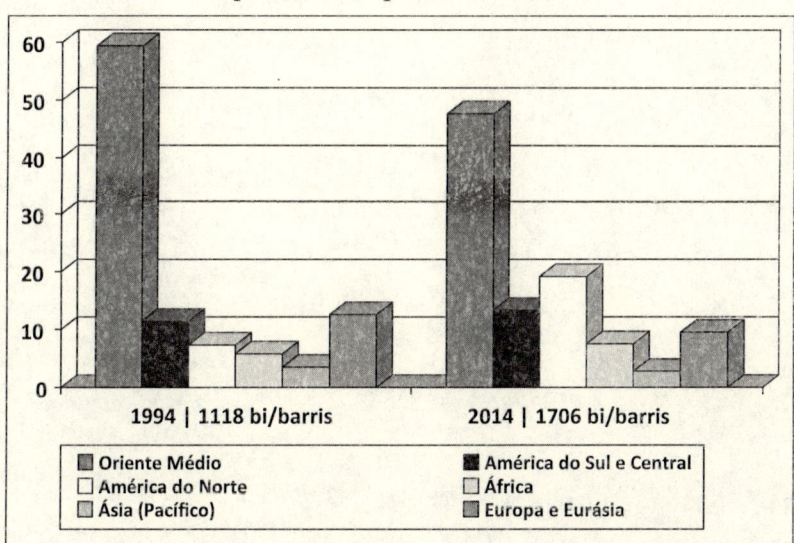

Os novos campos encontrados na América Latina somado ao fim do monopólio da Petrobras na exploração e produção promoveram alteração significativa no modelo de regulação do petróleo e gás natural no Brasil. Consoante afirmado, o país deu passos significativos neste sentido a partir da reorganização de seu marco normativo e institucional. Cite-se a criação da Agência Nacional do Petróleo, Gás natural e Biocombustíveis – ANP, órgão responsável por expedir atos normativos que visam a organização do setor além de realizar os leilões periódicos de áreas potenciais de E&P.

---

[11] Gráfico elaborado pelo autor. Os dados foram extraídos de: BP Statistical Review of World Energy 2017. Disponível em: <https://www.bp.com/content/dam/bp/en/corporate/pdf/energy-economics/statistical-review-2017/bp-statistical-review-of-world-energy-2017-full-report.pdf>. Acesso em: 13 ago. 2017.

CAPÍTULO 2

A INDÚSTRIA DO PETRÓLEO E GÁS NATURAL NO BRASIL E O DESENVOLVIMENTO DE SEU MODELO REGULATÓRIO

O regime jurídico do petróleo e gás no Brasil está disciplinado na Constituição de 1988 e em leis específicas. Dispõe a legislação nacional que os recursos minerais do subsolo pertencem à União, dentre eles os depósitos de petróleo, gás natural e outros hidrocarbonetos fluidos existentes no território nacional, nele compreendidos a parte terrestre, o mar territorial, a plataforma continental e a zona econômica exclusiva.

Consoante ressaltado no ponto anterior, a Lei nº 9.478 de 1997 foi aprovada tendo por finalidade a regulamentação do setor de modo a instrumentalizar a modalidade de outorga após o fim do monopólio da Petrobras. A Lei do Petróleo instituiu e regulamentou alguns órgãos de regulação e controle, dentre os quais dois deles se tornaram referenciais em toda cadeia nacional: o Conselho Nacional de Política Energética (CNPE), que é vinculado à Presidência da República, e a Agência Nacional do Petróleo, Gás Natural e Biocombustíveis (ANP), autarquia especial vinculada ao Ministério de Minas e Energia. Incluem-se neste grupo ainda a Petrobras, a Empresa de Pesquisa Energética (EPE) e a Empresa Brasileira de Administração de Petróleo e Gás Natural (PPSA). O quadro organizacional pode ser vislumbrado no organograma a seguir:

Figura 6: Organização institucional do marco regulatório brasileiro[12]

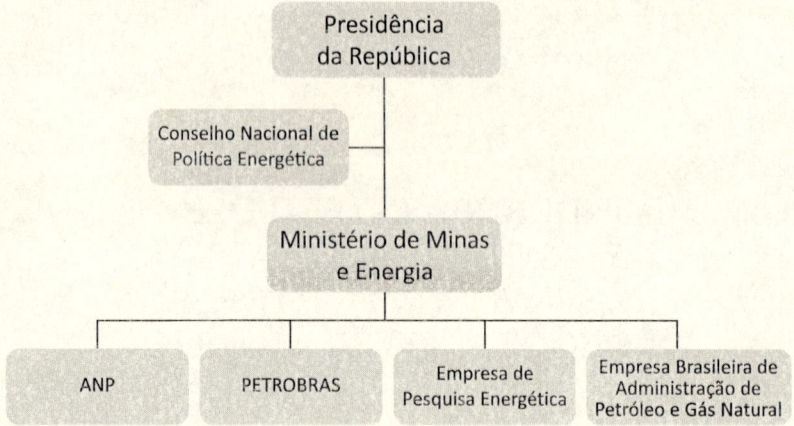

Dos órgãos mencionados, o primeiro é o Conselho Nacional de Política Energética (CNPE), que tem a função precípua de propor políticas e medidas nacionais na área de energia. Dentre as suas competências, ressaltem-se: a de promover o aproveitamento racional dos recursos energéticos do País; assegurar o suprimento de insumos energéticos às áreas mais remotas ou de difícil acesso do País; rever periodicamente as matrizes energéticas aplicadas às diversas regiões do País; estabelecer as diretrizes para programas energéticos específicos, estabelecer diretrizes para a importação e exportação de petróleo e seus derivados, biocombustíveis, gás natural e condensado; sugerir a adoção de medidas necessárias para garantir o atendimento à demanda nacional de energia elétrica; estabelecer diretrizes para o uso de gás natural como matéria-prima em processos produtivos industriais; definir os blocos a serem objeto de concessão ou partilha de produção; definir a estratégia e a política de desenvolvimento econômico e tecnológico da indústria de petróleo, de gás natural, de outros hidrocarbonetos fluidos e de biocombustíveis, entre outras atribuições dispostas no art. 2º da Lei nº 9.478/1997. O CNPE se vincula diretamente à Presidência da República, como órgão de assessoramento do Ministro de Minas e Energia.

O segundo é a Agência Nacional do Petróleo, Gás Natural e Biocombustíveis (ANP), autarquia especial vinculada ao Ministério de Minas e Energia, com funções de regulação, contratação e fiscalização das atividades econômicas integrantes da indústria do petróleo, do

---

[12] Organograma elaborado a partir da legislação do setor.

gás natural e dos biocombustíveis. A ANP é responsável direta pelos leilões para a concessão de áreas de exploração de petróleo e gás no Brasil, determinadas pelo CNPE.

Dentre as suas competências (art. 8º da Lei do Petróleo), podem-se destacar: implementar, em sua esfera de atribuições, a política nacional de petróleo, gás natural e biocombustíveis; promover estudos visando à delimitação de blocos, para efeito de concessão ou contratação sob o regime de partilha de produção das atividades de exploração, desenvolvimento e produção; elaborar os editais e promover as licitações para a concessão de exploração, desenvolvimento e produção, celebrando os contratos delas decorrentes e fiscalizando a sua execução; fiscalizar direta ou de forma concorrente as atividades integrantes desta indústria; estimular a pesquisa e a adoção de novas tecnologias na exploração, produção, transporte, refino e processamento, entre outras.

Criado pela Lei nº 3.782/1960, o Ministério de Minas e Energia (MME) é o órgão competente pela política estratégica nas áreas de petróleo e derivados, gás natural e derivados, biocombustíveis, mineração e energia elétrica. O MME congrega em si quase todo o aparato governamental do setor de E&P, dentre eles a ANP (um dos principais agentes do setor), as empresas públicas EPE e PPSA e a Petrobras. Artur Watt Neto (2014, p. 34-36) lembra que pode soar estranho à Petrobras, uma sociedade de economia mista, constar do quadro institucional da indústria de E&P brasileira. Contudo, é inegável que a empresa não é apenas um braço do governo, mas é utilizada inclusive para o controle da inflação, quando define os preços dos combustíveis para o mercado interno.

A Empresa de Pesquisa Energética – EPE foi criada pela Lei nº 10.847/2004. Trata-se de uma empresa pública[13] que possui *locus* privilegiado para a governança estratégico-econômica do país graças às suas competências (dispostas no art. 4º da mencionada lei). Destacam-se: realizar estudos e projeções da matriz energética brasileira; elaborar e publicar o balanço energético nacional; identificar e quantificar os potenciais de recursos energéticos; dar suporte e participar das articulações relativas ao aproveitamento energético de rios compartilhados com países limítrofes; realizar estudos para a determinação dos

---

[13] Oportuno lembrar que uma empresa pública, segundo o inciso II do art. 5º do Decreto-Lei 200 de 1967 é "a entidade dotada de personalidade jurídica de direito privado, com patrimônio próprio e capital exclusivo da União, criado por lei para a exploração de atividade econômica que o Governo seja levado a exercer por força de contingência ou de conveniência administrativa podendo revestir-se de qualquer das formas admitidas em direito".

aproveitamentos ótimos dos potenciais hidráulicos; elaborar estudos necessários para o desenvolvimento dos planos de expansão da geração e transmissão de energia elétrica de curto, médio e longo prazos; promover estudos para dar suporte ao gerenciamento da relação reserva e produção de hidrocarbonetos no Brasil, visando à autossuficiência sustentável; promover estudos de mercado visando definir cenários de demanda e oferta de petróleo, seus derivados e produtos petroquímicos; desenvolver estudos de impacto social, viabilidade técnico-econômica e socioambiental para os empreendimentos de energia elétrica e de fontes renováveis; desenvolver estudos para avaliar e incrementar a utilização de energia proveniente de fontes renováveis; dar suporte às articulações e delas participar, visando à integração energética com outros países; promover estudos e produzir informações para subsidiar planos e programas de desenvolvimento energético ambientalmente sustentável, como os de eficiência energética; dentre outras.

Já a Empresa Brasileira de Administração de Petróleo e Gás Natural S.A. – PPSA foi estabelecida pela Lei nº 12.304/2010. Assim como a EPE, é uma empresa pública vinculada ao Ministério de Minas e Energia e seu objeto é a gestão dos contratos de partilha de produção celebrados pelo Ministério de Minas e Energia e a gestão dos contratos para a comercialização de petróleo, de gás natural e de outros hidrocarbonetos fluidos da União. Acerca de suas competências legais, destacam-se: praticar os atos necessários à gestão dos contratos de partilha de produção e comercialização de petróleo, gás natural e de outros hidrocarbonetos fluidos da União; analisar dados sísmicos fornecidos pela ANP e pelos contratados sob o regime de partilha de produção; representar a União nos procedimentos de individualização da produção e nos acordos decorrentes, nos casos em que as jazidas da área do pré-sal e das áreas estratégicas se estendam por áreas não concedidas ou não contratadas sob o regime de partilha de produção.

A partir deste quadro institucional, a análise sobre os recursos energéticos brasileiros parte de uma divisão entre as fontes renováveis e não renováveis. Os principais recursos renováveis à disposição das indústrias e dos cidadãos são: energia hidráulica, lenha e os produtos da cana-de-açúcar. Por sua vez, dentre os recursos não renováveis, os principais são o petróleo, o gás natural, o carvão e o urânio (U308) que é usado principalmente como combustível nuclear.

Segundo dados do Ministério de Minas e Energia, é possível concluir que a matriz energética nacional quase se tornou balanceada entre fontes renováveis e não renováveis no ano de 2008. De 2009 a 2016, todavia, verifica-se que ocorreu retração no avanço das fontes renováveis, enquanto houve maior disponibilidade de gás-natural e manutenção da dependência pelo petróleo (girando sempre em torno dos 44%, ou seja, a principal fonte energética brasileira). Destaque também para a energia eólica, que em apenas seis anos já corresponde a 1% da produção de energia primária no país.

Figura 7: Produção de Energia Primária no Brasil em porcentagem (período de 2008-2016)[14]

FONTES	2008	2009	2010	2011	2012	2013	2014	2015	2016
NÃO RENOVÁVEL	52,1	53,8	53,0	54,8	54,7	54,2	56,5	57,9	58,5
PETRÓLEO	39,7	42,0	42,1	42,5	41,7	40,6	42,8	44,1	44,2
GÁS NATURAL	9,0	8,7	9,0	9,3	10,0	10,8	11,6	12,2	12,8
CARVÃO VAPOR	1,1	0,8	0,8	0,8	1,0	1,3	1,1	0,9	0,9
CARVÃO METALÚRGICO	0,0	0,1	0,0	0,0	0,0	0,0	0,0	0,0	0,0
URÂNIO (U3O8)	1,7	1,7	0,7	1,6	1,5	0,9	0,2	0,2	0,0
OUTRAS NÃO RENOVÁVEIS	0	1	0	1	1	1	1	1	1
RENOVÁVEL	47,9	46,2	47,0	45,2	45,3	45,8	43,5	42,1	41,5
ENERGIA HIDRÁULICA	13,4	14,0	13,7	14,4	13,9	13,0	11,8	10,8	11,1
LENHA	12,4	10,2	10,3	10,1	10,0	9,5	9,1	8,7	7,8
PRODUTOS DA CANA	19,0	18,6	19,3	16,9	17,6	19,1	18,1	17,6	17,2
EÓLICA	0,0	0,0	0,1	0,1	0,2	0,2	0,4	0,6	1,0
SOLAR								0,0	0,0
OUTRAS RENOVÁVEIS	3,1	3,3	3,6	3,7	3,7	3,9	4,2	4,3	4,3
TOTAL	100,0	100,0	100,0	100,0	100,0	100,0	100,0	100,0	100,0

A tabela seguinte indica, em números, a evolução, ano a ano, das principais fontes de energia da matriz nacional.

---

[14] Fonte: Ministério de Minas e Energia; Empresa de Pesquisa Energética. Balanço Energético Nacional 2017: Ano base 2016. Rio de Janeiro: EPE, 2017, p. 22.

Figura 8: Produção de Energia Primária em números (período de 2008-2016)[15]

10^3 tep *(tonelada equivalente de petróleo)*

FONTES	2008	2009	2010	2011	2012	2013	2014	2015	2016
NÃO RENOVÁVEL	123.161	129.340	134.277	140.533	140.573	139.997	153.920	165.795	172.540
PETRÓLEO	94.000	100.918	106.559	108.976	107.258	104.762	116.705	126.127	130.373
GÁS NATURAL	21.398	20.983	22.771	23.888	25.574	27.969	31.661	34.871	37.610
CARVÃO VAPOR	2.552	1.913	2.104	2.134	2.517	3.298	3.059	2.459	2.636
CARVÃO METALÚRGICO	101	167	0	0	0	0	0	0	0
URÂNIO (U3O8)	3.950	4.117	1.767	4.209	3.881	2.375	681	512	0
OUTRAS NÃO RENOVÁVEIS	1.159	1.242	1.075	1.326	1.343	1.592	1.814	1.826	1.921
RENOVÁVEL	113.394	111.227	118.922	115.854	116.396	118.096	118.702	120.481	122.180
ENERGIA HIDRÁULICA	31.782	33.625	34.683	36.837	35.719	33.625	32.116	30.938	32.758
LENHA	29.227	24.609	25.997	25.997	25.683	24.580	24.728	24.900	23.095
PRODUTOS DA CANA	45.019	44.775	48.852	43.270	45.117	49.304	49.232	50.424	52.658
EÓLICA	102	106	187	233	434	566	1.050	1.860	2.880
SOLAR	0	0	0	0	0	0	0	5	7
OUTRAS RENOVÁVEIS	7.265	8.002	9.202	9.518	9.443	10.021	11.327	12.354	12.781
TOTAL	236.555	240.458	253.198	256.387	256.969	258.092	272.622	286.277	294.720

A matriz energética brasileira, portanto, encontra-se centrada em cinco recursos: petróleo e gás natural (fontes não renováveis), produtos da cana-de-açúcar, energia hidráulica e lenha (fontes renováveis). A soma destas fontes, em 2016, foi equivalente a 93,1% de toda a produção

---

[15] Fonte: Ministério de Minas e Energia; Empresa de Pesquisa Energética. Balanço Energético Nacional 2017: Ano base 2016. Rio de Janeiro: EPE, 2017, p. 21.

nacional. E o petróleo segue responsável por quase metade da produção de energia primária brasileira.

Oportuno verificar também que a produção do petróleo manteve uma tendência de crescimento desde o início da década de 1980, com as grandes descobertas da Petrobras ocorridas na Bacia de Campos e também em águas profundas. Contudo, a partir de meados da década de 1990, período pós-publicação da lei do Petróleo, houve um claro aumento da produção nacional de petróleo, aspecto que se torna bastante claro quando se analisa o gráfico a seguir:

Outro fator interessante trazido pelo Balanço Energético Nacional é a relação da oferta e do consumo das energias primárias brasileiras ou, em outras palavras, o fluxo energético no país ao longo de 2016. De toda a produção de energia do país, apenas 8,6% foi direcionada para o setor residencial, o que contraria o senso comum ao se crer no alto consumo das famílias. Não obstante, o setor industrial foi o que mais absorveu energia (29,2%), seguido dos transportes (28,7%). As perdas somam mais de 10% do todo, fato este que denuncia as vultuosas somas que têm se perdido pelos inúmeros gargalos existentes em nosso país.[16]

A figura a seguir também é extraída do Balanço Energético Nacional e congrega a oferta e o consumo no país em 2016. Oportuno mencionar que há uma pequena variação entre os números das tabelas anteriores e a imagem a seguir. As tabelas se baseiam em um número total de produção e a figura mapeia a oferta colocada no sistema interno.

---

[16] Ministério de Minas e Energia; Empresa de Pesquisa Energética. Balanço Energético Nacional 2017: Ano base 2016. Rio de Janeiro: EPE, 2017, p. 39.

Figura 9: Fluxo Energético Nacional (ano base 2016)[17]

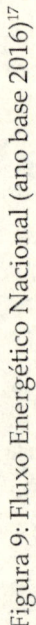

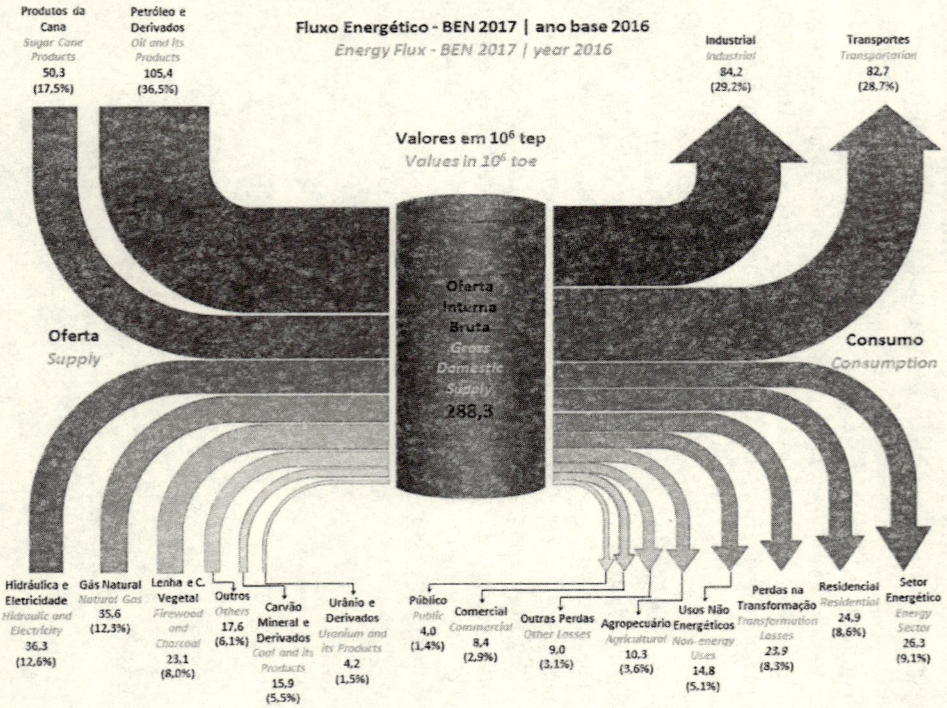

---

[17] Extraído de: Ministério de Minas e Energia; Empresa de Pesquisa Energética. Balanço Energético Nacional 2017: Ano base 2016. Rio de Janeiro: EPE, 2017, p. 39.

Estabelecida a realidade da indústria nacional do setor de E&P, tratar-se-á dos seus marcos regulatórios. O primeiro deles é o modelo de concessão, oriundo da Lei nº 9.478/1997 e fomentado após a Emenda Constitucional nº 9/1995. Os outros dois (modelo de partilha de produção e cessão onerosa) foram estabelecidos em 2010, motivados ante a descoberta do Pré-Sal em 2006. Este marco regulatório mais recente é disciplinado pelas leis 12.276/2010 e 12.351/2010. Com isto, o marco regulatório brasileiro conta com três modelos distintos: modelo de concessão, de partilha e de cessão onerosa.

2.1 Modelo de concessão

Na *modalidade de concessão* se outorga, mediante licitação, o direito de exercer a atividade econômica. Este é o modelo *standard* adotado no Brasil e pelos grandes produtores de petróleo, com a realização de leilões internacionais que possibilitam a participação de petrolíferas individualmente ou em consórcio.

Kirsten Bindemann (1999, p. 09-11), em famoso artigo publicado no *Oxford Institute for Energy Studies*, aponta que o modelo de concessão adotado em países do Oriente Médio na primeira metade do século XX possuía algumas características fundamentais que destoam largamente das contratações realizadas na atualidade. A primeira é que os direitos de exploração concedidos às empresas cobriam vastas áreas, em alguns casos praticamente o país todo. Em segundo lugar, o período de duração dos contratos era maior, atingindo períodos superiores a meio século. A terceira característica é a de que as empresas detinham em suas mãos amplos poderes no desenvolvimento da estratégia de E&P, não dispondo os governos do controle regulatório.

Bindemann cita os exemplos de Abu Dhabi, cuja concessão a um consórcio lhes dava o direito de exploração de todo o território do país pelo período de setenta e cinco anos e também o caso da Arábia Saudita, que concedeu a *Standard Oil of California* uma área de quinhentos mil metros quadrados por sessenta e seis anos em troca de cinquenta mil quilos de ouro. Em termos comparativos, os campos ofertados na décima segunda rodada de licitações[18] realizada em 2013 pela ANP permitia ao

---

[18] Esta rodada de licitações ficou caracterizada pela predominância da Petrobras. Dos 49 blocos, a empresa adquiriu 50% dos que disputou. Dentre os blocos arrematados, 22 foram em parceria, sendo 16 operados pela Petrobras e 6 operados por parceiros. O valor total do bônus de assinatura a ser pago pela companhia é de R$ 120 milhões, além dos R$ 23 milhões a serem pagos pelos parceiros. A soma desses montantes, que atinge aproximadamente

concessionário produzir pelo prazo de vinte e sete anos (cláusula 9.1), prorrogáveis por tempo a ser determinado pela autarquia.

O autor comenta que os contratos celebrados nos Estados Unidos seguiram esta mesma dinâmica até a década de 1930, quando foi incorporada a cobrança de royalties pela produção. Com isto, alguns países produtores no Oriente Médio (como Arábia Saudita, Irã e Iraque) revisaram os contratos anteriores, incorporando tributos e royalties. Tais mudanças ampliaram o escopo político dos países da região, o que influenciou na criação da OPEP (em inglês Organization of the Petroleum Exporting Countries – OPEC) e de um novo capítulo na história do desenvolvimento da cadeia de E&P que dura até os dias atuais.

Bindemann analisa de modo geral os contratos de concessão no final do século XX a partir do grau de risco exploratório, dividindo as modalidades em alto e baixo risco. A grande maioria das contratações possui risco considerado elevado, variando de acordo com o continente e com as regras de cada país. No Brasil, a Lei do Petróleo determina, em seu artigo 26, que a concessão implica, para o concessionário, a obrigação de explorar, por sua conta e risco e, em caso de êxito, produzir petróleo ou gás natural em determinado bloco, conferindo-lhe a propriedade desses bens, após extraídos, acrescidos dos encargos correspondentes. Este é o quadro das concessões no Brasil.

Acerca da natureza jurídica desta modalidade de prestação de serviço público, aponta Gilberto Bercovici (2011, p. 290-291):

> A natureza jurídica do contrato de concessão de exploração de petróleo, assim como o contrato de concessão de lavra mineral, é a de um contrato de concessão de uso de exploração de bens públicos indisponíveis, cujo regime jurídico é distinto em virtude da Constituição e da legislação ordinária, portanto, a de um contrato de direito público. Estas concessões são atos administrativos constitutivos pelos quais o poder concedente

---

R$ 143 milhões, corresponde a 87% do total de bônus a ser arrecadado no certame. Os blocos oferecidos neste leilão estão localizados em bacias de novas fronteiras exploratórias e em bacias maduras. Segundo notícia da empresa, "a estratégia adotada pela Petrobras no leilão alinha-se aos objetivos da companhia de aumentar suas reservas e produção de gás natural nas proximidades de facilidades de produção existentes, através da ampliação do seu conhecimento das bacias sedimentares brasileiras e diversificação do seu investimento exploratório. A participação em consórcio está em linha com o objetivo de fortalecer parcerias da Petrobras com empresas nacionais e estrangeiras para fins de integração de conhecimento e tecnologias utilizadas nas atividades de exploração e produção onshore (terrestre)". Petrobras. Resultado da 12ª rodada de licitações da ANP. Disponível em: <http://www.investidorpetrobras.com.br/pt/comunicados-e-fatos-relevantes/resultado-da-12%C2%AA-rodada-de-licitacoes-da-anp>. Acesso em: 17 jul. 2017.

(a União) delega poderes aos concessionários para utilizar ou explorar um bem público.

Desta maneira, a partir de 1999 o Brasil se alinhou ao *modus operandi* dos principais produtores do setor E&P e adotou os leilões de blocos exploratórios de petróleo a operadores interessados em tais áreas. Em razão de os depósitos de petróleo, gás natural e outros hidrocarbonetos fluidos existentes no território nacional (terrestre, mar territorial, plataforma continental e zona econômica exclusiva) pertencerem a todos os brasileiros, é da União a competência para iniciar a licitação para sua exploração. Isto ocorre mediante atuação da ANP, autarquia à qual cabe elaborar os editais e promover as licitações para a concessão de exploração, desenvolvimento e produção, celebrando os contratos delas decorrentes e fiscalizando a sua execução, consoante inciso IV do art. 8º da Lei nº 9.478/1997.

O procedimento licitatório tem início com a publicação, via ANP, do respectivo edital. O art. 37 da Lei nº 9.478/1997 apresenta os seus requisitos elementares, quais sejam: I – apresentação do bloco objeto da concessão, o prazo estimado para a duração da fase de exploração, os investimentos e programas exploratórios mínimos; II – os requisitos exigidos das empresas; III – as participações governamentais mínimas e a participação dos superficiários; IV – a relação de documentos exigidos e os critérios a serem seguidos para aferição da capacidade técnica, da idoneidade financeira e da regularidade jurídica dos interessados, bem como para o julgamento técnico e econômico-financeiro da proposta; V – a expressa indicação de que caberá ao concessionário o pagamento das indenizações devidas por desapropriações ou servidões necessárias ao cumprimento do contrato; VI – o prazo, local e horário em que serão fornecidos, aos interessados, os dados, estudos e demais elementos e informações necessários à elaboração das propostas, bem como o custo de sua aquisição.

Após a inscrição das empresas e consórcios que tenham interesse no certame, iniciam-se as análises das propostas. Em sessão pública, as licitantes apresentam ofertas para os blocos em licitação, que são julgadas e classificadas mediante atribuição de pontos e pesos a critérios objetivos estabelecidos no edital. O procedimento é o mesmo tanto para os leilões de concessão quanto para àqueles encetados na foram de regime de partilha de produção.[19]

---

[19] Esta modalidade é chamada de leilão fechado de primeiro preço. Cada empresa apresenta sua proposta em um envelope lacrado, ou seja, os valores não são de conhecimento

Observando-se os princípios da legalidade, impessoalidade, moralidade, publicidade e igualdade entre os concorrentes, a proposta vencedora é mais vantajosa segundo dois pontos de vista (constantes do art. 41 da Lei do Petróleo): I – o programa geral de trabalho, as propostas para as atividades de exploração, os prazos, os volumes mínimos de investimentos e os cronogramas físico-financeiros; II – as participações governamentais, constituídas em bônus de assinatura, *royalties*, participação especial e pagamento pela ocupação ou retenção de área.

A definição do vencedor ocorre na licitação durante o leilão dos blocos, tendo em vista a mensuração de três critérios fundamentais: bônus de assinatura (valor pago no ato da assinatura do contrato), programa exploratório mínimo (programa de trabalho previsto em anexo ao contrato, a ser cumprido pelo Concessionário no decorrer da Fase de Exploração) e conteúdo local (proporção entre o valor dos bens produzidos e dos serviços prestados no País para execução do contrato e o valor total dos bens utilizados e dos serviços prestados para essa finalidade);

O *bônus de assinatura* é o montante ofertado pelo licitante vencedor na proposta para obtenção da concessão de petróleo ou gás natural, não podendo ser inferior ao valor mínimo fixado pela ANP no edital da licitação (art. 9º do Decreto 2.705/1998). Trata-se basicamente do valor que a empresa ou consórcio oferece para vencer a licitação e ganhar a concessão do bloco oferecido. Sendo vitoriosa, a empresa ou consórcio deve fazer o pagamento do bônus de assinatura em parcela única segundo data estipulada pela ANP.

Este critério tem peso de 40% na composição da oferta, embora seja o único critério para definir a licitante vencedora da sessão pública de apresentação de ofertas. Em termos gerais, isto significa que não basta aos ofertantes oferecerem o maior valor pelo bloco, pois há outros dois critérios a serem analisados e sopesados no tocante à oferta.

No que toca ao regime de partilha de produção, nota-se que este critério corresponde ao valor total do bloco objeto da oferta para obtenção da outorga do Contrato de Partilha de Produção, o qual deverá ser pago no ato da celebração do contrato de partilha de produção. Oportuno lembrar ainda que o bônus de assinatura não integra o custo em óleo,

---

geral. Contudo, não basta apresentar o maior valor para arrematar uma área, haja vista a complexidade deste tipo de contratação. Os licitantes que se sagrarem vencedores quanto a oferta precisam conquistar a habilitação jurídica. A assinatura do contrato ocorrerá somente após estas etapas.

correspondendo ao valor fixo devido à União Federal pela empresa contratada, sendo vedado, em qualquer hipótese, o seu ressarcimento (§2º do art. 42 da Lei nº 12.351/2010).

Este critério esteve presente desde a primeira rodada de licitações promovidas pela ANP, no entanto teve a sua importância reduzida em razão do critério de programa exploratório mínimo (PEM), incluído a partir da quinta rodada de licitações.

O *programa exploratório mínimo* (PEM) é representado por unidades de trabalho a serem convertidas em atividades exploratórias como sísmica 2D e 3D, métodos potenciais e poços exploratórios. É o edital da rodada de licitações que determina quais são as atividades exploratórias hábeis de serem realizadas, além da relação de equivalência das unidades de trabalho e os respectivos valores da garantia financeira para cumprimento deste critério de julgamento da oferta. Tal critério tem peso de 30% na composição da oferta, segundo dosimetria da ANP.

Segundo Luiz Antonio Maia Espínola de Lemos, Gustavo Pequeno Peretti Mattos (2004) "o PEM é calculado por Unidades de Trabalho, que são computadas pelo comprometimento da realização de certas atividades em quantidades propostas e multiplicadas pelos fatores determinados pela própria ANP no edital de licitação". E prossegue:

> Assim, são estabelecidas alíquotas diferenciadas para cada setor e de acordo com a atividade que será desenvolvida. No entanto, as empresas participantes da rodada deverão estar cientes de que do não cumprimento do PEM poderá resultar a aplicação de diversas penalidades contratuais e administrativas pela ANP. As primeiras consubstanciam a obrigação de pagamento baseada em percentuais fixados no contrato de concessão, que incidirão sobre a diferença entre aquilo a que o concessionário se comprometeu e o que efetivamente cumpriu. Para este fim, poderá a ANP executar a carta de crédito ou o seguro-garantia e, ainda, a garantia de *performance* entregues pelo concessionário quando da outorga da concessão.

Eric Universo Rodrigues Brasil e Fernando Antonio Slaibe Postali (2013, p. 225) lembram a utilidade do Programa Exploratório Mínimo. Segundo os autores, após sua instituição, em 2003, o PEM médio oferecido pela PETROBRAS em seus lances vencedores é acima da média dos lances vencedores das demais, "sendo que esta diferença não é estatisticamente significativa a 10% pelo teste de igualdade das médias com variâncias desiguais".

E, por fim, o *conteúdo local* que é o compromisso de adquirir bens e serviços brasileiros em parte do processo de E&P. Tecnicamente, o artigo 2º, VIII, da Lei nº 12.351 a ANP define o conteúdo local como a proporção entre o valor dos bens produzidos e dos serviços prestados no País para execução do contrato e o valor total dos bens utilizados e dos serviços prestados para essa finalidade. Em termos gerais, as empresas ou consórcios se comprometem, no ato da assinatura do contrato de concessão, com a aquisição de bens e serviços na indústria nacional, sendo estes percentuais (mínimos e máximos, definidos pela ANP a cada rodada de leilões) integrantes da oferta e efetivados nas fases de exploração e de desenvolvimento da produção.

O parâmetro para a adoção desta política é a de que os fornecedores nacionais de materiais, serviços e mão de obra tenham preferência em face dos estrangeiros, desde que sejam oferecidas condições que possibilitem a competitividade ao preço, qualidade e prazo de entrega de bens e serviços necessitados pelos operadores ao longo de sua atividade exploratória. Ou seja, é preciso que haja uma ramificação da cadeia que dê suporte durante a exploração e produção por parte das petrolíferas. O conteúdo local, deste modo, resguarda uma parcela da concessão à participação da indústria nacional de bens e serviços, em bases competitivas, nos projetos de exploração e desenvolvimento da produção de petróleo e gás natural, fomentando-se o desenvolvimento tecnológico e aperfeiçoamento técnico da mão de obra nacional.

É da Noruega o exemplo mais notável de país que adotou o conteúdo local nos contratos de E&P e obteve êxito celebrado, seja pelo desenvolvimento da indústria nacional, seja pelo volumoso fundo irrigado por parcela dos tributos advindos do setor. Todavia, diversos países, cada qual, baseado nas peculiaridades próprias de seu contexto, adotaram política semelhante.

Rabiu Ado (2013, p. 139) publicou um artigo no *International Journal of Business and Management Studies* em 2013, trazendo à tona diferentes modelos adotados desde a década de 1970.

Figura 10: Diferentes modelos de conteúdo local

Country	Legislation/Policy	Year	Focus
UK	Policy	1970	In-country procurement
Norway	Local content Law (art. 54 of the Royal Decree of 1952)	1972	Indigenous participation
Malaysia	Petroleum Development Act	1974	Licensing
Brazil	Local Content Legislation	2003	Oil concession
Trinidad & Tobago	Local Content & Local Participation Framework	2004	In-country fabrication
Kazakhstan	Law of the Republic of Kazakhstan; 223-IV	2009	Procurement & services
Indonesia	Local Content Rules	2009	Procurement of domestic inputs
Nigeria	Local Content Act	2010	Indigenous participation and domiciliation of oil and gas activities

A tabela apresentada permite observar que o foco da política varia entre a garantia das populações indígenas na participação da atividade (Noruega e Nigéria), aquisições (Reino Unido, Cazaquistão e Indonésia), licenciamento (Malásia) e como condição para a concessão de exploração (Brasil).

No Brasil, a cláusula de conteúdo local nos contratos de concessão está presente desde a primeira rodada de licitações. Até a quarta rodada (2002), o único fator obrigatório era o bônus de assinatura. O programa exploratório mínimo passou a incorporar as condições para apresentação de ofertas a partir da quinta rodada (2003). Nesta rodada, adotou-se ainda o compromisso mínimo com conteúdo local como peso importante para a definição dos vencedores (bônus de assinatura = peso 30; programa exploratório mínimo = peso 30; compromisso mínimo com aquisição bens e serviços locais = peso 40, na proporção de 15 pontos para a Fase de Exploração e 25 pontos para a Etapa de Desenvolvimento.

Desde a sétima rodada (2005), a ANP tem estabelecido critérios mínimos e máximos de conteúdo local a serem observados, variando em cada nova rodada de leilões. Na 12ª rodada, a título exemplificativo, licitou-se apenas áreas terrestres com os seguintes percentuais: fase de exploração com mínimo de 70% e máximo de 80% de conteúdo local; etapa de desenvolvimento: mínimo de 77% e máximo de 85%. Em termos práticos, a empresa ou consórcio estabelecerá um critério de conteúdo local (por exemplo, 75%), sendo este o valor mínimo que poderá praticar durante a exploração e o desenvolvimento. O Conteúdo local médio estabelecido em todos os leilões realizados pela ANP pode ser vislumbrado no gráfico a seguir:

Figura 11: Oferta de Conteúdo Local (CL)
médio por rodadas da ANP[20]

Rodadas de licitação	1ª	2ª	3ª	4ª	5ª	6ª	7ª	8ª	9ª	10ª	11ª	12ª	13ª
% CL l fase exploração	25	42	28	39	79	86	74	–	69	79	63	73	74
% CL l fase produção	27	48	40	54	86	89	81	–	77	84	76	84	80

Para facilitar aos concessionários a contratação de empresas que se valem de produtos e serviços nacionais, no afã de cumprir o conteúdo local estabelecido na proposta e no contrato, a ANP criou um sistema de certificação de empresas nacionais a serem contratadas. O certificado de conteúdo local é um documento emitido pela Certificadora, conforme modelo disponibilizado pela ANP, atestando o percentual de conteúdo local do bem ou serviço contratado para medição.[21] As empresas fornecedoras interessadas na certificação se credenciam junto à ANP. Suas atividades podem ser inseridas como fornecedora de bens, serviços, subsistemas, sistemas[22] e conjunto de sistemas. Após verificação, a empresa recebe um certificado de que utiliza conteúdo local, podendo ser contratada pelas operadoras.

A ANP fiscaliza o operador do bloco de exploração em três momentos: i) na conclusão da fase de exploração; ii) ao fim da etapa de desenvolvimento de produção; iii) no encerramento da concessão. A multa é a penalidade para o não cumprimento do conteúdo local mínimo estipulado no leilão de concessão do bloco exploratório. Quando solicitados, os concessionários precisam enviar documentos fiscais e contratos de investimentos à ANP em até trinta dias. A partir da sétima rodada, a multa foi fixada em 60% sobre o conteúdo local não realizado considerando a hipótese de realização inferior a 65% do montante pactuado. Sendo o montante não realizado superior a 65%, a multa varia de 60% a 100% do conteúdo local não realizado.

Portanto, conforme demonstrado, embora alguma crítica seja dirigida ao conteúdo local como política protecionista, é possível verificar

---

[20] Gráfico elaborado pelo autor. Os dados foram extraídos de: BRASIL. Empresa de Pesquisa Energética. *Balanço Energético Nacional 2016*: ano base 2015. Rio de Janeiro: EPE, 2016.

[21] Esta definição foi trazida na Resolução 36 da ANP, de 13.11.2007. Este documento ficou conhecido como Cartilha do Conteúdo Local, haja vista abarcar esta temática específica em um anexo.

[22] Um sistema é uma reunião coordenada de materiais (equipamentos, máquinas) e serviços associados.

que diversos países adotam esta prática no afã de se desenvolver setores específicos de sua indústria de E&P.

Segundo dados da ANP, de 2009 a 2013, foram investidos 27 bilhões de reais em conteúdo local, sendo 40% deste valor relacionado com a aquisição de sondas. Dados do BNDES estimam investimento de meio trilhão de reais no período de 2015-2018, o que representa a demanda relativa ao mercado doméstico, quando utilizado o percentual mínimo de 55% de conteúdo local para os blocos de água profunda, no valor de 279,95 bilhões de reais em três anos, representando um crescimento de 42,1% em relação à mensuração feita em 2010-2013.

Diante da potencial fonte de recursos que este setor representa para o país, sua importância estratégica é inegável, embora sejam necessários ajustes periódicos na legislação devido a diferentes panoramas da indústria mundial.

2.2 Modelos de partilha de produção e cessão onerosa

O modelo de concessão é o mais utilizado no segmento E&P no Brasil, a despeito de se ter outros dois. O regime de *partilha de produção* foi instituído pela Lei nº 12.351/2010 para ser adotado em áreas do Pré-Sal e em áreas estratégicas. A legislação estabelece que a partilha de produção é o regime de exploração e produção de petróleo, gás natural e outros hidrocarbonetos fluidos no qual o contratado exerce, por sua conta e risco, as atividades de exploração, avaliação, desenvolvimento e produção e, em caso de descoberta comercial, adquire o direito à apropriação do custo em óleo, do volume da produção correspondente aos *royalties* devidos, bem como de parcela do excedente em óleo, na proporção, condições e prazos estabelecidos em contrato.

A exploração do Pré-Sal, portanto, ocorre mediante consórcios entre a União e empresas privadas. Nesta fase, a União é representada pela Empresa Brasileira de Administração de Petróleo e Gás Natural S.A. – Pré-Sal Petróleo S.A. (PPSA), empresa pública instituída especialmente para este fim. A PPSA foi instituída pela Lei nº 12.304/2010 e tem competência para gerir os contratos de partilha de produção celebrados pelo Ministério de Minas e Energia e a gestão dos contratos para a comercialização de petróleo, de gás natural e de outros hidrocarbonetos fluidos da União. Ou seja, a empresa não participa diretamente das atividades de E&P, mas apenas gerencia os consórcios.[23]

---

[23] Isto fica muito claro da análise das competências atribuídas à empresa, consoante artigo 4º da Lei 12.304/2010: Art. 4º: Compete à PPSA:

Conforme lembra D'Almeida (2015, p. 181), foi em 2013 que ocorreu o primeiro leilão sob o regime de partilha: o campo de Libra, o maior bloco descoberto neste século XXI em todo o mundo. A diferença deste modelo é que o Estado é o detentor do petróleo, gás natural e hidrocarbonetos extraídos. O sistema é denominado de partilha em virtude de as empresas e a União dividirem o óleo excedente. As empresas que realizam a extração têm direito à restituição do custo de exploração e uma parcela do lucro (chamado de excedente de óleo), e o Estado mantém a sua parcela do lucro.

Dois conceitos novos, portanto, são trazidos a lume: i) custo em óleo (parcela da produção de petróleo, de gás natural e de outros hidrocarbonetos fluidos, exigível unicamente em caso de descoberta comercial, correspondente aos custos e aos investimentos realizados pelo contratado na execução das atividades de exploração, avaliação, desenvolvimento, produção e desativação das instalações, sujeita a limites, prazos e condições estabelecidos em contrato); ii) e excedente em óleo (parcela da produção de petróleo, de gás natural e de outros hidrocarbonetos fluidos a ser repartida entre a União e o contratado,

---

I – praticar todos os atos necessários à gestão dos contratos de partilha de produção celebrados pelo Ministério de Minas e Energia, especialmente:
a) representar a União nos consórcios formados para a execução dos contratos de partilha de produção;
b) defender os interesses da União nos comitês operacionais;
c) avaliar, técnica e economicamente, planos de exploração, de avaliação, de desenvolvimento e de produção de petróleo, de gás natural e de outros hidrocarbonetos fluidos, bem como fazer cumprir as exigências contratuais referentes ao conteúdo local;
d) monitorar e auditar a execução de projetos de exploração, avaliação, desenvolvimento e produção de petróleo, de gás natural e de outros hidrocarbonetos fluidos;
e) monitorar e auditar os custos e investimentos relacionados aos contratos de partilha de produção;
f) fornecer à Agência Nacional do Petróleo, Gás Natural e Biocombustíveis (ANP) as informações necessárias às suas funções regulatórias;
II – praticar todos os atos necessários à gestão dos contratos para a comercialização de petróleo, de gás natural e de outros hidrocarbonetos fluidos da União, especialmente:
a) celebrar os contratos com agentes comercializadores, representando a União;
b) verificar o cumprimento, pelos contratados, da política de comercialização de petróleo e gás natural da União resultante de contratos de partilha de produção; e
c) monitorar e auditar as operações, os custos e os preços de venda de petróleo, de gás natural e de outros hidrocarbonetos fluidos;
III – analisar dados sísmicos fornecidos pela ANP e pelos contratados sob o regime de partilha de produção;
IV – representar a União nos procedimentos de individualização da produção e nos acordos decorrentes, nos casos em que as jazidas da área do Pré-Sal e das áreas estratégicas se estendam por áreas não concedidas ou não contratadas sob o regime de partilha de produção; e
V – exercer outras atividades necessárias ao cumprimento de seu objeto social, conforme definido no seu estatuto.

segundo critérios definidos em contrato, resultante da diferença entre o volume total da produção e as parcelas relativas ao custo em óleo, aos royalties devidos e, quando exigível, à participação).

O critério de julgamento é o percentual de excedente em óleo (o chamado óleo-lucro), ou seja, quem oferecer à União a maior participação no volume de óleo produzido assina o contrato de exploração. A Lei nº 12.351/2010 determina que a Petrobras atue sempre como operadora, com uma participação mínima de 30%. Esta obrigação está atualmente em discussão no Congresso Nacional.

Ficou estabelecido também nesta legislação o Fundo Social, cujo propósito é garantir a aplicação dos recursos às gerações vindouras. Com natureza contábil e financeira, tem a finalidade de constituir fonte de recursos para o desenvolvimento social e regional, na forma de programas e projetos nas áreas de combate à pobreza e de desenvolvimento. O dispositivo apresenta sete áreas nas quais serão utilizados recursos do Fundo Social para seu desenvolvimento: (I) educação, (II) cultura, (III) esporte, (IV) saúde pública, (V) ciência e tecnologia, (VI) meio ambiente, (VII) mitigação e adaptação às mudanças climáticas. Os objetivos do Fundo estão enunciados no artigo 48 da Lei: (I) constituir poupança pública de longo prazo com base nas receitas auferidas pela União; (II) oferecer fonte de recursos para o desenvolvimento social e regional, na forma prevista no art. 47; e (III) mitigar as flutuações de renda e de preços na economia nacional, decorrentes das variações na renda gerada pelas atividades de produção e exploração de petróleo e de outros recursos não renováveis.

Por fim, a descoberta do Pré-Sal também impulsionou o estabelecimento de outro novo marco regulatório, aumentando o controle da União sobre a exploração e produção do petróleo e gás. A Lei nº 12.276/2010 criou a *cessão onerosa*. Nela, a União foi autorizada a ceder onerosamente à Petrobras o exercício das atividades de pesquisa e lavra do petróleo, gás natural e outros hidrocarbonetos fluidos, até o volume de cinco bilhões de barris, em áreas do Pré-Sal que não estivessem sendo exploradas já sob o modelo de concessão (de modo a não violar os contratos já estabelecidos).

Tal cessão (da administração direta) à estatal brasileira (administração indireta) é exceção à regra de licitação: a contratação é direta e os custos e riscos são da Petrobras. O art. 3º da Lei nº 12.276/2010 estabelece que o pagamento devido pela Petrobras pela cessão deverá ser efetivado prioritariamente em títulos da dívida pública mobiliária federal, precificados a valor de mercado. Os critérios para a definição do valor dos direitos de produção desta cessão tiveram por base laudos de entidades certificadores internacionais e foram definidos entre as partes interessadas (União e Petrobras). A relação contratual perdura pelo prazo de 40 anos, podendo ser prorrogável por mais cinco anos.

CAPÍTULO 3

O MODELO REGULATÓRIO DA INDÚSTRIA DO PETRÓLEO E GÁS NATURAL NA NORUEGA

A Noruega é um país da Europa setentrional e compõe o grupo de países nórdicos, ao lado de Dinamarca, Finlândia, Islândia, Suécia e regiões autônomas das Ilhas Faroé. Lembrado especialmente por estar há alguns anos no topo do Índice de Desenvolvimento Humano, a história do recente desenvolvimento econômico deste país está amplamente conectada à cadeia do petróleo e do gás natural. Graças a ele, a Noruega tem o maior fundo de capital governamental, com valores próximos a 1 trilhão de dólares norte-americanos.

O que mais os noruegueses têm a ensinar a respeito do setor E&P? Consoante Helge Ryggvik (2015, p. 04), professor da Universidade de Oslo, para além da teoria, a experiência da Noruega no setor de exploração e produção de petróleo e gás natural ganhou força a partir de prismas diversos. Por exemplo, ele lembra que a cláusula de conteúdo local brasileiro nos contratos de concessão possui conexão direta à expertise norueguesa no assunto. Além disso, a dedicação dos noruegueses com o quesito da segurança foi um tema de amplo debate nos Estados Unidos após a explosão da plataforma Deepwater Horizon, em abril de 2010, no Golfo do México, o pior desastre ambiental da história daquele país. Para além destas questões, reconhece o autor que o fundo nacional trilionário alimentado pelos tributos do petróleo e gás-natural e ainda a cadeia industrial que ajudou a desenvolver são os temas que mais despertam o interesse estrangeiro na experiência norueguesa.

Até a década de 1960 a Noruega não possuía nenhuma relevância dentre os países com grandes reservas de petróleo e gás natural, situação alterada apenas em 1966, quando estudos comprovaram a existência de hidrocarbonetos na plataforma continental e, principalmente, em 1969 com a descoberta do grande campo de Ekofisk (3,4 bilhões barris de petróleo e 154 bilhões de m^3 de gás natural). Desde então, em poucas décadas, o modelo gestado pela Noruega se tornou paradigmático para diversos países, como o Brasil que adotou dinâmica semelhante após a descoberta do Pré-Sal.

Os noruegueses possuíam um objetivo claro desde o princípio: o de que a exploração do petróleo e do gás natural deveria se reverter em melhoria na qualidade de vida das pessoas.

> The Norwegian petroleum management system is based on the principle that exploration, development and operations must generate the greatest possible values for society, and that the revenues shall benefit the State and thus the Norwegian society as a whole. The petroleum resources are highly valuable. This is the primary reason why the State claims a large share of the value creation through taxes, fees and the State's Direct Financial Interest (NPD, 2014, p. 12).

Definiu-se, então, que esta finalidade não seria atingida somente pela livre ação do mercado privado. A grande questão, naquele momento, era verificar a fronteira entre a participação pública e o risco de um demasiado protecionismo e o capital privado, em busca de lucro demasiado, impedir a consecução daqueles objetivos desenvolvimentistas globais. Em outras palavras, embora uma das etapas deste caminho consistia em criar uma empresa estatal (Statoil), a perseguição deste objetivo não poderia criar um modelo centralizador que prescindisse da iniciativa privada e culminasse na eliminação da concorrência (sempre benéfica). A vantagem do consórcio, neste sentido, é aliar empresas com expertises diferentes.

Segundo Tolmasquim e Junior (2011, p. 218-219), os prismas que conduziram o aproveitamento dos recursos petrolíferos da plataforma continental norueguesa podem ser resumidos nas seguintes questões:

> i) Como desenvolver uma estrutura legal e regulatória?
> ii) Como assegurar o desenvolvimento de uma ampla cadeia industrial petrolífera e evitar anomalias econômicas relacionadas ao forte influxo de divisas estrangeiras no país?
> iii) Como garantir a participação nacional em um setor sem capital humano e financeiro suficiente?
> iv) Como organizar a participação direta do Estado norueguês no setor petrolífero?

Certo é que, a partir de 1970, verificou-se a necessidade de se reestabelecer o setor de petróleo e gás natural, dadas às recentes descobertas. Até então, algumas licenças de produção haviam sido concedidas, baseadas no Act de 21 de junho de 1963, que traçava diretrizes gerais para o aproveitamento destes recursos. Contudo, confirmado nos anos anteriores que o Mar do Norte dispunha de potencial energético considerável, era hora de se repensar as competências para o melhor aproveitamento dos hidrocarbonetos tendo em vista o ideal progressista que sempre fez parte da política norueguesa.

Parte desta estratégia tomada pelo Parlamento foi a criação da *Den norske stats oljeselskap AS* ou Statoil em 1972, petrolífera que concentrou em si ampla participação estatal em todo o arcabouço da operação. Porém, como afirmado, a empresa não foi beneficiada com o monopólio exclusivo de E&P, mas, ao contrário, sempre atuou em consórcio com outras empresas privadas nacionais e internacionais do segmento. Com a petrolífera, surge o princípio de que o Estado atuaria com pelo menos 50% de participação em cada campo de exploração.

Ainda em 1972, outra atitude tomada pelo Parlamento foi a instituição do NPD (*Norwegian Petroleum Directorate*), órgão destinado a estabelecer a regulação do setor. Ligado atualmente ao Ministério de Petróleo e Energia, trata-se de um órgão especializado que tem como objetivo primordial contribuir na gestão eficiente e responsável dos recursos do petróleo e gás natural tendo em vista os valores da sociedade norueguesa. Suas principais funções são: i) respaldar o governo com estudos do setor; ii) gerir os dados da plataforma continental norueguesa; iii) traçar estratégias a médio e longo prazo visando o melhor aproveitamento dos recursos energéticos; iv) acompanhar a execução das atividades de E&P das empresas nacionais e estrangeiras em solo norueguês.[24]

Além da Statoil e do NPD, o terceiro órgão estabelecido para compor toda a cadeia de E&P norueguesa foi o Ministério de Petróleo e Energia (MPE). Até 1978, todas questões atinentes a este segmento eram vinculadas ao Ministério da Indústria. No ano seguinte, agregou-se a este organograma o Ministério do Governo Local e do Trabalho, que ficou responsável pela segurança e ambiente de trabalho nos locais de prospecção. Em 2001, esta competência foi transferida para o Ministério do Trabalho e Questões Sociais.

---

[24] Para saber mais, acesse: The Norwegian Petroleum Directorate. Disponível em: <http://www.npd.no/en/About-us/>. Acesso em: 01 jul. 2017.

A partir desta reorganização institucional ocorrida na década de 1970, os dez anos seguintes marcaram a afirmação deste novo ramo industrial na Noruega. Em 1975, a Noruega tornou-se um exportador líquido de petróleo e a Statoil já operava também na exploração de gás natural e produção de outros materiais estratégicos para a indústria (como o etileno). Para ampliar a competitividade, os contratos de concessão passaram a estabelecer a necessidade de cooperação industrial entre as empresas estrangeiras e as nacionais, de modo a desenvolver a expertise norueguesa. O conteúdo local já se fazia presente desde então no dia a dia da indústria de prospecção, que se estendia do Mar do Norte e se ramificava por todo o país.

O principal elo desta cadeia foi, notadamente, a Statoil. Na década de 1980, a empresa se afirmou como operador principal nos mais rentáveis campos noruegueses, como Statfjord, Sleipner eTroll, e adquiriu empresas estrangeiras com atividades contíguas as suas. Desta maneira, ao longo de uma década de atuação majoritária em todos os campos, a Statoil se afirmou como a principal empresa norueguesa, respondendo por 10% do PIB do país,[25] tornando-se se grande demais para ser controlada pelo Estado. Helge Ryggvik (2014, p. 90-113) cita o ex-primeiro ministro Kåre Willoch, que descrevia a empresa como um "Estado dentro do Estado". O maior problema, na visão dos noruegueses, seria a empresa comprar apoio político, invalidando o controle do Estado e desvirtuando a sua razão de ser.

Por tais motivos, adotou-se a política de "corte de asas" em meados de 1984 e 1985. Em outras palavras, o Parlamento promoveu uma alteração na participação do Estado nas operações petrolíferas de E&P, dividindo-a entre a petrolífera e um órgão comandado pelo governo denominado SDFI – *State's Direct Financial Interest*. O SDFI passou a ser o representante do Estado norueguês nas concessões, tendo como principais finalidades para sua criação: diminuir o poder de influência da Statoil para que não se tornasse mais poderosa que o próprio Estado e ainda ser o instrumento efetivo de coleta de recursos para a consecução do projeto desenvolvimentista imaginado no início das operações.

---

[25] Dado de *Reference for Business*. Disponível em: <http://www.referenceforbusiness.com/history2/55/DEN-NORSKE-STATS-OLJESELSKAP-AS.html>. Acesso em: 13 ago. 2017. Para mais informações, veja: LESKINEN, Olivia (et al). *Norway Oil and Gas Cluster*. Harvard Business School. Disponível em: <http://www.isc.hbs.edu/resources/courses/moc-course-at-harvard/Documents/pdf/ student-projects/120503%20MOC%20Norway%20final.pdf>. Acesso em: 15 ago. 2017.

Há aqui uma decisão que hoje, trinta anos depois, mostrou-se acertada. Para evitar que a Statoil se tornasse incontrolável graças a sua importância estratégica para o Estado, o *Storting* fracionou a arrecadação para abastecer ao SDFI, obtendo, com isso, tanto a diminuição do capital da empresa (restringindo a sua influência política) como a contínua irrigação do fundo para a constituição da poupança para as futuras gerações.

Em 2001, a Statoil teve seu capital aberto (embora o Estado ainda detenha 67% de participação) e o SDFI passou a ser controlado pela empresa pública Petoro, especialmente criada para gerir os direitos aos empreendimentos e ativos deste órgão e evitar, desta maneira, conflito de interesses entre a empresa e o fundo nacional que congrega importantes negócios ao Estado norueguês (dados atuais do *Norwegian Petroleum* demonstram que a Noruega possui interesse financeiro direto em quase 200 licenças, participação em 43 campos de produção e *holdings* e 17 *joint ventures*[26]).

Deste modo, pela descrição realizada por Mauricio Tiomno Tomalsquin e Helder Queiroz Pinto Junior, é possível identificar quatro grandes fases que compõem a construção do modelo de participação do Estado segundo a experiência da Noruega no setor E&P fundado na segunda metade do século XX.

- Primeira fase: da descoberta do campo de Ekofisk em 1969 no Mar do Norte até a criação da Statoil em 1972, quando a participação do Estado nos empreendimentos era de 35%.
- Segunda fase: da criação da Statoil em 1972 até 1985, quando a licença para atividades de E&P era concedida para a Statoil isoladamente ou para outras empresas em parceria empresarial (*joint ventures*) com a Statoil, onde esta tivesse no mínimo 50% dos direitos do empreendimento.
- Terceira fase: período de transição entre 1985 e 1996, no qual, com a criação da SDFI (1985), o limite de 50% de participação do Estado se mantém até 1991 (com a SDFI e Statoil), quando se inicia um lento processo de redução desta participação. Este processo vai até 1996, quando a Diretiva da Comunidade Europeia n. 22/1994 foi implantada na Noruega (demandou uma série de harmonizações com o arcabouço regulatório de

---

[26] Retirado de Norwegian Petroleum. Disponível em: <http://www.norskpetroleum.no/en/economy/governments-revenues/>. Acesso em: 25 ago. 2017.

outros países europeus, implicando uma maior abertura para as atividades de E&P na Noruega).
- Quarta fase: de 1996 até os dias de hoje, onde, já sob a égide da Diretiva da Comunidade Europeia n. 22/1994, a participação do Estado é significativamente menor (SDFI com 15% em 2000) e a Statoil não só não participa mais de todas as licenças, como tem que competir em igualdade de condições com as demais empresas. Nessa fase, não só a Statoil deixa de ser 100% estatal, mas também realiza uma fusão com a Norsk Hydro, tornando-se Statoil Hydro, e busca uma estratégia global, reforçando sua participação internacional.

Uma questão importante para o sucesso deste arranjo governamental em consórcio com o capital privado foi a questão fiscal, majorada em momentos de grandes descobertas e bom fluxo no mercado internacional e reduzida em momentos de baixa. Um exemplo é a cobrança de royalties, cuja alíquota era parte considerável dos ganhos durante a década de 1980 e foi abolida nos anos 2000. Outro exemplo é o valor dos tributos ordinários que foram majorados à medida que o preço do óleo teve significativo aumento no mercado.

Estas informações ficam expressas na figura a seguir:

Figura 12: Fluxo de caixa do governo norueguês oriundo das atividades petrolíferas[27]

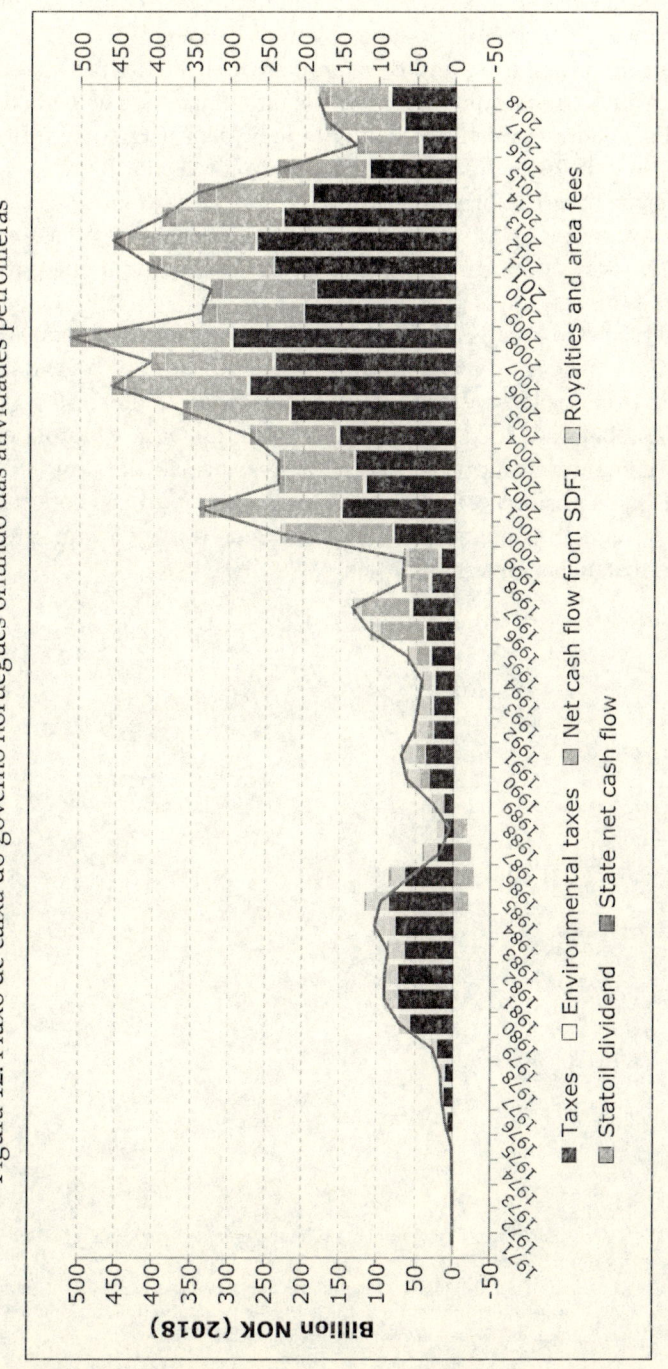

[27] Gráfico elaborado a partir dos dados do Ministry of Finance e Statistics Norway. Disponível em: <http://www.norskpetroleum.no/en/economy/governments-revenues/> Acesso em: 23 jul. 2017.

Embora o arranjo fiscal tenha variado ao longo das décadas, sempre esteve em harmonia com os objetivos primevos do segmento E&P na Noruega, quais sejam, desenvolver uma cadeia nacional de produtos e ainda deixar um importante legado financeiro às gerações futuras. Tal legado se constitui em um fundo de pensão criado em 1990 e que, no final de 2016, possuía 7,5 trilhões de coroas norueguesas ou 950 bilhões de dólares norte-americanos.[28] [29]

Assim, o sistema de concessões para exploração de áreas com potencial no Mar do Norte deve respeitar um cronograma que passa por diversos níveis.

Em primeiro lugar, é do Parlamento a competência para decidir quais serão as novas áreas destinadas à exploração. Em seguida, o Ministério de Petróleo e Energia outorga as licenças de exploração e o NPD estabelece a regulação daquele setor. Por fim, a Statoil, em consórcio com outras empresas, desenvolve a execução das atividades de exploração e produção. O marco regulatório na Noruega congrega diferentes instâncias em um arranjo dialógico entre Parlamento e diferentes instâncias governamentais.

---

[28] O SDFI. Disponível em: <http://www.norskpetroleum.no/en/economy/management-of-revenues/>. Acesso em: 20 jul. 2017.

[29] Mais informações em: ACHEAMPONG, Theophilus (et al). An assessment of local-content policies in oil and gas producing countries. *The Journal of World Energy Law & Business – Oxford University*, Volume 9, Issue 4, 1 August 2016, Pages 282–302.

Figura 13: Organização institucional do marco regulatório norueguês[30]

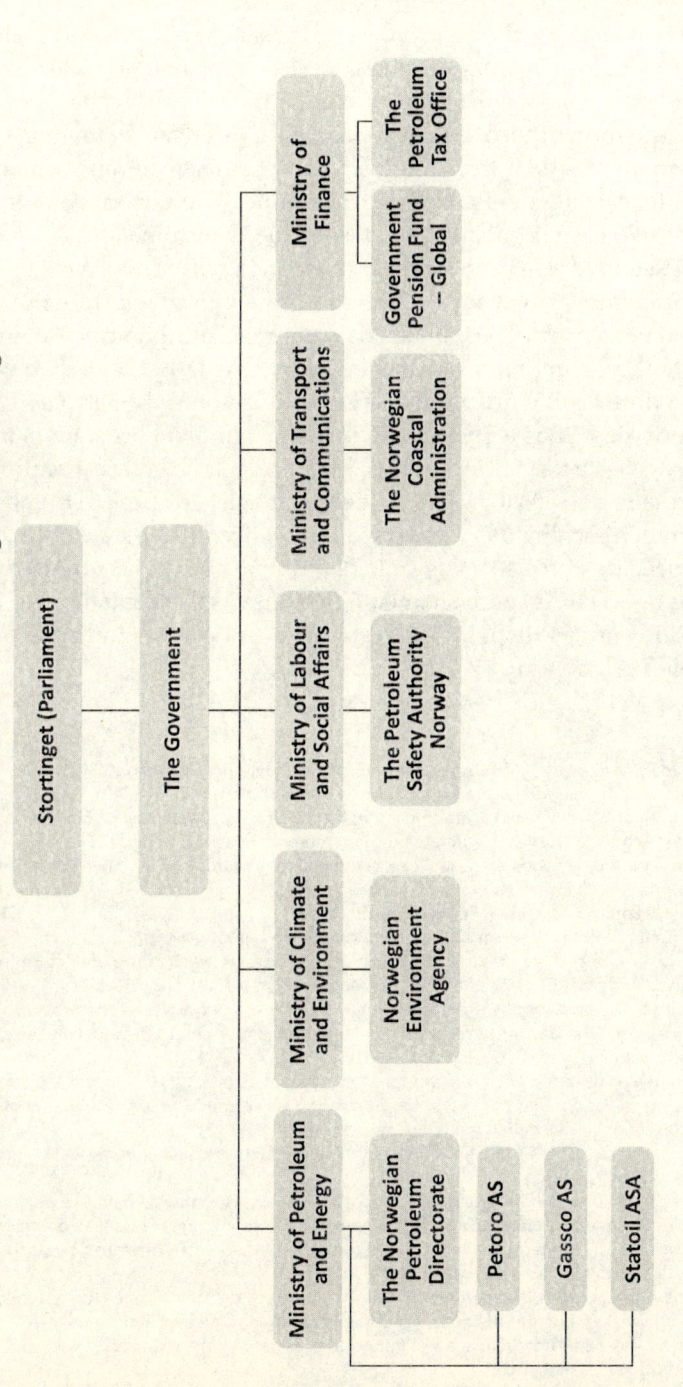

- Stortinget (Parliament)
- The Government
  - Ministry of Petroleum and Energy
    - The Norwegian Petroleum Directorate
    - Petoro AS
    - Gassco AS
    - Statoil ASA
  - Ministry of Climate and Environment
    - Norwegian Environment Agency
  - Ministry of Labour and Social Affairs
    - The Petroleum Safety Authority Norway
  - Ministry of Transport and Communications
    - The Norwegian Coastal Administration
  - Ministry of Finance
    - Government Pension Fund – Global
    - The Petroleum Tax Office

[30] FONTE: NPD – Norwegian Petroleum Directorate. *Facts 2014 The Norwegian Petroleum Sector*. Disponível em: <http://www.npd.no/en/Publications/Facts/Facts-2014/>. Acesso em: 22 jul. 2017.

O principal agente desta cadeia é o Parlamento (*Storting*). O regime político adotado na Noruega é a monarquia parlamentar, modelo oposto ao presidencialismo republicano típico do continente americano. A forma de governo monárquico se caracteriza pela existência de um monarca soberano que herda o trono e detém competências de representação do Estado, cabendo ao Parlamento a instituição do governo e de suas políticas. No caso norueguês, a Constituição determina (art. 3º) que o Poder Executivo seja exercido pelo rei ou pela rainha.

Tais fatores servem de arrimo para a compreensão de que é o Parlamento norueguês, após chancela real, o órgão que detém a competência de definir a estrutura para as atividades de E&P, o que, no caso do Brasil, é atribuída à Agência Nacional do Petróleo e ao Ministério de Minas e Energia, ou seja, não em nível legislativo, mas executivo. Desta forma, ao *Storting*[31] cabe a regulação geral e a estrutura da atividade desse setor, além de deliberar sobre os projetos, embora cabe ao rei a escolha das áreas que serão concedidas para exploração e produção de petróleo, consoante determina a seção 1-2 do Ato n. 26 (Ato do Petróleo: "O gerenciamento de recursos é executado pelo Rei de acordo com as disposições desta Lei e as decisões tomadas pelo Storting (Parlamento)."

---

[31] O artigo 75 da Constituição norueguesa determina as atribuições do Storting (Parlamento), consoante se depreende em tradução livre:
a) promulgar e revogar leis; para impor impostos, direitos aduaneiros e outros encargos públicos, o que não deve, no entanto, permanecerem ativos para além de 31 de Dezembro do ano seguinte, a menos que sejam expressamente renovados por um novo Parlamento;
b) contrair empréstimos em nome do Reino;
c) supervisionar os Assuntos Econômicos do Reino;
d) destinar as verbas necessárias para atender as despesas do governo;
e) decidir o quanto deve ser pago anualmente ao rei para a Casa Real, e para determinar a pensão da Família Real, que não pode, no entanto, consistir de bens imóveis;
f) apresentar os registros do Conselho de Estado, e todos os relatórios públicos e documentos;
g) solicitar que lhe transmitam os tratados que o rei, em nome do Estado, concluiu com potências estrangeiras;
h) ter o direito de exigir que qualquer um, com exceção do rei e da família real, a comparecer perante o Parlamento para assuntos de Estado; não se aplica a exceção, no entanto, aos príncipes reais se eles detêm qualquer cargo público;
i) rever as listas provisórias de salários e pensões e fazer nele tais alterações que julgar necessárias;
k) nomear cinco auditores, que examinarão anualmente, as contas do Estado e publicarão seus extratos na imprensa até seis meses após o final do ano para o qual as dotações do Parlamento têm sido feito, e adotar disposições relativas ao procedimento de autorização de contas de funcionários de contabilidade do governo;
l) nomear uma pessoa, não um membro do Parlamento, de uma forma prescrita pela lei, para supervisionar a administração pública e todos os que trabalham no seu serviço, para assegurar que nenhuma injustiça seja feita contra o cidadão individual;
m) naturalizar estrangeiros.

Ao Executivo, encabeçado pelo rei, cabe a tarefa de executar e implementar toda a atividade que passara pelo crivo do Parlamento. Toda a monumental tarefa de pôr em funcionamento a principal indústria do país é levada adiante por diversos segmentos ministeriais, cada qual segundo sua competência. Deste modo, consoante figura indicada anteriormente, o Ministério de Petróleo e Energia cuida da gestão de recursos petrolíferos e das empresas que atuam em consórcio com o poder público através do NPD (*Norwegian Petroleum Directorate*), agência subordinada ao Ministério. Trata-se de corpo consultivo para assuntos da área e responde pelo controle financeiro e administrativo do setor), Petoro (gerencia o SDFI – *State's Direct Financial Interest*), Gassco (empresa estatal responsável pelo transporte de gás natural da plataforma continental até os tanques em terra) e Statoil (empresa estatal de petróleo).

Além do Ministério de Petróleo e Energia, atuam em conjunto outros ramos de interesse nessa cadeia, como Ministério do Clima e Meio Ambiente, Ministério do Trabalho e Questões Sociais, Ministério dos Transportes e Comunicações e Ministério das Finanças, cada qual com suas respectivas atribuições para a consecução de suas atividades finais.

O processo de concessão de licença para exploração é regulado essencialmente no Ato n. 29, de novembro de 1996, denominado de Ato do Petróleo. Esta lei regula todas as atividades petrolíferas, isto é, cria condições para a concessão de licenças de E&P e sua respectiva cessação, além de tratar da responsabilidade por danos causados, estabelecer regras de compensação aos pescadores noruegueses, criar normas específicas de segurança, entre outros.

A licença de exploração é disciplinada no capítulo 2 da referida norma, e é concedida pelo Ministério do Petróleo e Energia após aprovação pelo Parlamento por um prazo de três anos, salvo estipulação em contrário. O Ato n. 29 deixa muito claro que a licença de exploração não autoriza que a empresa atue em áreas com licença de produção, salvo autorização do Ministério. Oportuno lembrar ainda que uma das características da Noruega é o regime parlamentar, o que significa que o Rei detém alguns poderes estratégicos. Neste momento, ele pode expedir regulamentos quanto às condições e tributos de um pedido de licença de exploração.

Os operadores possuem uma série de obrigações de conteúdo local. A principal delas é o compromisso com a aquisição de bens produzidos por fornecedores da Noruega em porcentagem variável em cada leilão. No que toca ao desenvolvimento de tecnologia, para operar na Noruega é necessário celebrar acordos de pesquisa com o

MPE a ser realizados em parceria com instituições do país. Para além destes aspectos, os licenciados também se obrigam na contratação de um número de trabalhadores noruegueses e lhes fornecer treinamento adequado em suas atividades, haja vista a segurança no trabalho ser objeto de cuidado especial nas operações realizadas pelo referido país.[32]

A fase de produção, regulada no capítulo 3 do Ato n. 26, tem início com uma criteriosa avaliação do impacto das atividades petrolíferas tendo como parâmetro os diversos interesses envolvidos (econômico, financeiro, industrial, comercial, social e ambiental). Todos terão período não inferior a três meses para apresentar seu ponto de vista. A licença de produção é concedida preferencialmente a uma pessoa jurídica estabelecida e registrada no país. Há a possibilidade de a licença de produção ser concedida a uma pessoa física domiciliada em um Estado da Área Econômica Europeia. Uma licença de produção implica o direito exclusivo de exploração, perfuração e produção na área abrangida pela concessão, tornando-se, o licenciado, dono do petróleo produzido (seção 3-3).

Após ser dada publicidade sobre as áreas a serem concedidas, as empresas interessadas fazem o pedido para ter o direito de operação. A escolha da vencedora cabe ao Conselho de Estado que é gerido pelo rei da Noruega. Assim, o rei, assessorado pelo conselho, detém a prerrogativa da seleção da empresa ou consórcio, das condições de sua atuação (em consonância às leis norueguesas) e se ela atuará em parceria com a Statoil. A duração do contrato é de até 10 anos, prorrogáveis por até 30 anos (regra) ou 50 anos (exceção), desde que a contratada tenha atuado estritamente de acordo com as normas legais e contratuais.

Alicerçado sobre as interações entre diversas instâncias do Estado público e as empresas privadas, o modelo norueguês foi se afirmando como uma estratégia interessante ao competitivo mercado de E&P. Aos progressistas, a criação do fundo social e o desenvolvimento da indústria nacional são paradigmas que precisam ser replicados. Embora seja um caso de sucesso, é preciso cautela: as características norueguesas são muito diversas de países como o Brasil, não apenas em nível político (monarquia parlamentar), mas também em nível social (alto nível educacional, baixa desigualdade social, entre outros).

---

[32] Local Content. Columbia Center on Sustainable Investment. Disponível em: < http://ccsi.columbia.edu/files/2014/03/Local-Content-Norway-Petroleum-CCSI-May-2016.pdf>. Acesso em: 15 ago. 2017.

CAPÍTULO 4

A EXPERTISE DA NORUEGA, CRISES DO SETOR E ALTERNATIVAS POLÍTICO-GOVERNAMENTAIS: O PRESENTE E O FUTURO DO SEGMENTO NO BRASIL

Seria o modelo norueguês a melhor opção para fugir de crises e das oscilações do mercado? Consoante visto anteriormente, a Noruega optou por um modelo regulatório governamental (enquanto a maioria dos países reduzia a participação do Estado no setor de E&P) que primou pelo desenvolvimento do país, sem jamais deixar de lado a competitividade das empresas estatais ou privadas. Certamente a melhor resposta a esta pergunta é a de que não existe um modelo perfeito que se adapte a qualquer situação e contexto. No fundo, o melhor a se afirmar é que a Noruega tomou as decisões acertadas (visto que hoje o país colhe bons frutos do passado) ao não escolher um caminho já trilhado.

E quais são os pressupostos para o seu sucesso? Helge Ryggvik (2014, p. 191-206) lembra que a Noruega havia experimentado um crescimento econômico constante até a década de 1960 com a indústria naval. Neste período, o país consolidou um sistema educacional que foi capaz de estabelecer um nível básico de qualidade para toda a população. A descoberta do petróleo substituiu o apogeu da marinha mercante e da indústria de construção naval que havia alicerçado o desenvolvimento nacional. O gap destes dois setores contíguos foi permitido pelo Estado, que estabeleceu uma espécie de transição dialógica entre os segmentos.

Além disso, a participação estatal na cadeia permitiu que não fossem atendidos apenas os interesses dos grandes magnatas do petróleo, como ocorria na maioria dos países, mas se tornasse factível uma estratégia desenvolvimentista. Embora tenha deixado de ser protecionista em 1990, a indústria local já possuía expertise suficiente para concorrer com as empresas internacionais e o petróleo seguia como o principal produto de exportação da Noruega (em torno de 30% do total). Por outro lado, o estabelecimento de um ambiente de concorrência entre os fornecedores permitiu o aprimoramento técnico de toda a cadeia, que atuou diretamente no aumento da competência das empresas norueguesas, a exemplo do setor de construção offshore que aprimorou a técnica em ramos da engenharia.

Outro fator importante levantado por Ryggvik foi a resolução das disputas entre trabalhadores, sindicatos e empresas que se arrastaram pela década de 1970. Após a publicação da Lei do Ambiente de Trabalho e intenso controle do Estado, chegou-se ao sistema que congrega bons salários e máxima segurança no ambiente de trabalho. Algumas atividades de risco elevado foram alteradas (como substituir mergulhadores por sondas automatizadas) e forjaram a indústria local em líder mundial no fornecimento desta tecnologia.

É certo, conforme reconhece o autor, que no futuro próximo não haverá espaço para a indústria do petróleo. Ela deve ser substituída ou absorvida como ocorreu com a antiga indústria naval norueguesa. A criação do fundo demonstrou responsabilidade para com as gerações futuras e uma garantia de que há recursos para investir na substituição das matrizes à base de petróleo e gás, algo que parece inevitável para as próximas décadas. Assim, o maior exemplo norueguês foi utilizar os recursos petrolíferos para o bem de toda uma cadeia: não apenas aumentar os ganhos de algumas empresas (estatais ou privadas), mas permitir o crescimento de diversos elos de modo mais equânime (social, laboral, tecnológico, etc.).

Assim como na Noruega, o setor de petróleo e gás é central para o desenvolvimento do Brasil. É responsável por 15% do PIB brasileiro, gerando milhões de empregos diretos e indiretos. Estimativa do Instituto Brasileiro de Petróleo, Gás e Biocombustíveis (IBP) aponta para um investimento de R$ 950 bilhões até 2020 na indústria de bens e serviços. Os recentes estudos que indicam a potencialidade do Pré-Sal (176 bilhões de barris de óleo) demonstram o estratégico papel que esta indústria manterá no desenvolvimento brasileiro das próximas décadas. Segundo previsão da BP,[33] até 2035 o consumo de petróleo no Brasil aumentará 16%, quase 1% ao ano. A produção de energia terá um crescimento de

---

[33] BP Energy Outlook 2035: country and regional insights – Brazil. Disponível em: <http://www.bp.com/content/dam/bp-country/en_br/Homepage/Press/Country_insights_Brazil_2035_ENG.pdf>. Acesso em: 12 fev. 2017.

68%, tornando o país exportador de petróleo, gás e energia elétrica (de origem hidráulica, nuclear e de combustíveis renováveis em geral).

As perspectivas são de aumento progressivo da participação do segmento petrolífero na composição do PIB brasileiro, mantendo a tendência dos últimos vinte anos. Em 1998, o setor respondia por 3% do PIB. Em 2010, eram 12%, podendo chegar a quase 20% até 2020, segundo previsão do Ministério de Minas e Energia.[34] Ao menos de petróleo, a dependência do país por importações tem diminuído, embora seja progressiva a dependência de gás natural.

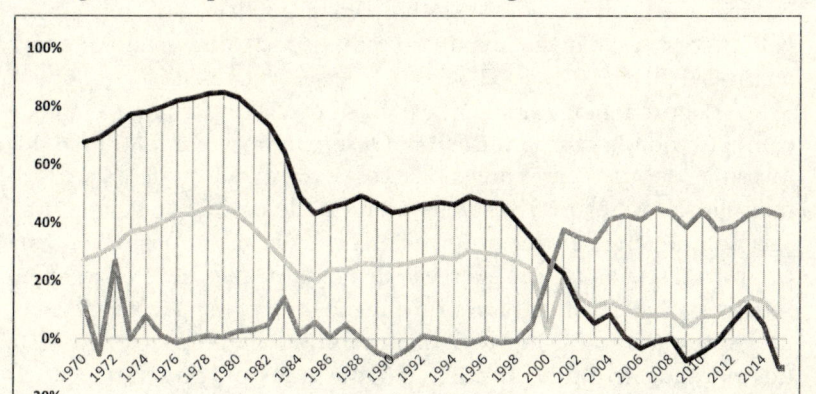

Figura 14: Dependência externa de energia, entre 1970 e 2015[35]

Porém, o segmento de petróleo e gás vive um momento de incerteza. Passada a euforia da descoberta do Pré-Sal, resultado de muito investimento em pesquisa capitaneada pela Petrobras, é preciso agora lidar com as limitações que circundam o ambiente político, econômico e regulatório no Brasil.

Em primeiro lugar, a conjuntura internacional afeta a cotação do petróleo. A geração no Pré-Sal é de alto custo e demanda investimentos em dólar, o que descapitaliza as empresas nacionais. Em 2006, quando da descoberta do Pré-Sal, a cotação do petróleo estava na casa dos US$ 70,00, atingindo o ápice de US$ 140,00 em junho de 2008. Nos

---

[34] IBP. *Agenda prioritária da indústria de petróleo, gás e biocombustíveis*. Rio de Janeiro, IBP, 2015, p. 17.
[35] Gráfico elaborado pelo autor. Os dados foram extraídos de: BRASIL. Empresa de Pesquisa Energética. *Balanço Energético Nacional 2016*: ano base 2015. Rio de Janeiro: EPE, 2016.

primeiros meses de 2017, o Brent variou entre US$ 50,00 e US$ 55,00, alta considerável em relação a 2016, mas muito abaixo dos valores de dez anos atrás.

Além da cotação do petróleo, outro óbice são os gap's estruturais brasileiros. Falta de estrutura, de planejamento e de transparência são problemas diários com os quais o setor tem de conviver. A Confederação Nacional das Indústrias – CNI aponta dois fatores que podem dificultar o cumprimento dos contratos de concessão com a cláusula de conteúdo local em solo brasileiro. O primeiro deles é a baixa competitividade da oferta local de bens e serviços para atendimento de preço, qualidade e prazos da indústria petrolífera. O segundo, e mais complexo, é a inexistência de capacidade produtiva para responder à demanda gerada pelo programa de investimento do setor, principalmente no que toca ao Pré-Sal (FIEB, 2015, p. 32-34).

Logo, o maior gargalo que o Brasil precisa enfrentar é a falta de competitividade de sua indústria. Observando-se a quantidade dos investimentos que o setor pretende receber, o resultado poderá ser custos mais elevados aos projetos de exploração de petróleo e gás natural, seja no que tange à cadeia de custos de insumos, impostos e escala produtiva, seja quanto ao exercício de poder de mercado. Este gap no setor impacta também no cumprimento dos cronogramas estabelecidos, fator este que impacta negativamente na atratividade do setor em vista dos elevados investimentos demandados e demora no seu retorno. O atraso no cronograma, ainda, enseja a aplicação de severas multas às empresas que descumprem o compromisso do conteúdo local, o que reforça a possibilidade de insucesso desta Política.

Por fim, os problemas políticos impactam diretamente todo o segmento, a exemplo dos desdobramentos da Operação Lava Jato que acertaram em cheio a Petrobras, núcleo da indústria E&P nacional. Os executivos da empresa têm demonstrado esforço para recuperar a confiança dos investidores, mas muito ainda precisa ser feito para evitar que o poder político se utilize largamente das companhias nacionais para uso privado.

Além disso, as dificuldades para se encontrar consensos em nível legislativo é outro fator complexo à indústria de E&P. Há diversos projetos de leis que se encontram parados no Congresso Nacional. O exemplo mais notório atualmente é o da Lei dos Royalties (12.734/2012), que propõe divisão entre todas as unidades federativas ao invés de favorecer apenas os Estados produtores. Em 2013, o Governador do Estado do Rio de Janeiro ajuizou a Ação Direta de Inconstitucionalidade 4917 arguindo contra a nova divisão dos royalties do petróleo. Tais dispositivos estão com sua eficácia suspensa graças a uma liminar conferida pela Ministra Cármen Lúcia e a ação ainda não tem previsão de julgamento do mérito.[36]

A este respeito, o inciso IX do art. 20, bem como o *caput* do art. 176 da Constituição definem os recursos minerais como bens da União. Todavia, toda a questão parece cristalina ao se analisar o §1º do artigo 20, *in verbis*: "É assegurada, nos termos da lei, aos Estados, ao Distrito Federal e aos Municípios, bem como a órgãos da administração direta da União, participação no resultado da exploração de petróleo ou gás natural, de recursos hídricos para fins de geração de energia elétrica e de outros recursos minerais no respectivo território, plataforma continental, mar territorial ou zona econômica exclusiva, ou compensação financeira por essa exploração". Ou seja, a simples análise do dispositivo mencionado permite concluir que os recursos deveriam ser fracionados entre todos os entes da Federação, consoante determina o texto constitucional.

Em meio a toda tensão do setor, vislumbra-se na política de conteúdo local um ponto de apoio importante para o desenvolvimento da indústria nacional e setores contíguos. E mesmo em meio às críticas, algumas medidas têm sido tomadas no afã de responder aos problemas indicados.

Visando o fortalecimento de todo o segmento P&G brasileiro, a Organização Nacional da Indústria do Petróleo (ONIP), referendada por mais 23 entidades, publicou em outubro de 2015 a *Agenda Mínima para o setor de Petróleo*, que põe a lume algumas das principais dificuldades deste segmento. Dentre elas, destacam-se: i) uma agenda periódica de leilões realizados pela ANP de modo a favorecer o planejamento das empresas; ii) revisar a obrigação da Petrobras de ser operadora única e ter participação mínima de 30%, em especial por retirar sua independência; iii) retirar a obrigatoriedade do modelo de partilha do pré-sal; iv) repensar a dinâmica do licenciamento ambiental, cuja obtenção é morosa em demasia; v) aperfeiçoar a política de conteúdo local, em especial rever sua exigência na fase de exploração que exige alto risco.

Em dezembro de 2015, publicamos um artigo na *Revista Brasil Energia*, periódico especializado nas questões do setor. Ao comentar o documento da ONIP, apresentamos alguns pontos de vista que

---

[36] Para mais informações acerca da divisão dos royalties: SCAFF, Fernando Facury. *Royalties do petróleo, minério e energia*. São Paulo: RT, 2014.

pareciam importantes para o melhor aproveitamento e desenvolvimento estratégico do segmento.

No afã de contribuir com o setor, acredita-se de modo especial que é preciso repensar a dinâmica do conteúdo local. Política semelhante à adotada na Noruega, responsável pelo desenvolvimento da indústria local e da manutenção de um fundo soberano que conta hoje com quase 1 trilhão de dólares, o conteúdo local deve servir como estímulo às empresas que queiram investir no Brasil.

Atualmente, o modelo penaliza aqueles que não cumprem os percentuais mínimos de conteúdo local. Embora os valores auferidos em multas sejam altos (R$ 278 milhões somente em 2014, sendo a Petrobrás responsável por quase metade desta quantia), o país ganharia muito mais com empresas que tenham interesse em estabelecer negócios em longo prazo, sem terem a cláusula de conteúdo local como uma espada de Dâmocles. Penalidades excessivas engessam o processo e limitam o espaço de atuação empresarial. Os *waivers* adotados nos contratos pela ANP limitam a atuação das empresas, pois esbarram nos gargalos operacionais brasileiros. Ao invés de penalidade, *oportunidade*. A cláusula de conteúdo local não deve ser extinta, mas flexibilizada de modo a tornar o Brasil atrativo e competitivo para as empresas internacionais.

Precisamos abandonar a mentalidade *centralizadora* e conectar o Brasil ao mundo. Não é possível pautar o desenvolvimento da indústria P&G somente na Petrobrás, dilacerada por interesses político-partidários. Se não houver um franco debate sobre tais distorções, estaremos perdendo tempo e dinheiro, elementos valiosos para o setor industrial (PANSIERI, 2015).

Em janeiro de 2016, atendendo aos clamores do setor, o Governo Federal sinalizou positivamente às reações do segmento, que criticava o modelo meramente punitivo de conteúdo local, ao editar o Decreto 8.637 de 15 de janeiro de 2016 (DOU de 18/01/2016), que instituiu o PEDEFOR – Programa de Estímulo à Competitividade da Cadeia Produtiva, ao Desenvolvimento e ao Aprimoramento de Fornecedores do Setor de Petróleo e Gás Natural. O PEDEFOR representa um passo importante na transposição de um modelo que penaliza as indústrias que não cumprem os percentuais mínimos para outro em que se aporte incentivos (PANSIERI, 2016).

O programa tem como objetivos: I – elevar a competitividade da cadeia produtiva de fornecedores no País; II – estimular a engenharia nacional; III – promover a inovação tecnológica em segmentos estratégicos; IV – ampliar a cadeia de fornecedores de bens, serviços e sistemas produzidos no País; V – ampliar o nível de conteúdo local dos fornecedores já instalados; e VI – estimular a criação de empresas de base tecnológica. Este programa tem como foco a diminuição dos gargalos na capacidade produtiva de toda a cadeia de modo a aprimorar a competitividade da indústria nacional de E&P.

Com base no PEDEFOR, novas modalidades de investimentos passarão a ser computadas como conteúdo local, ampliando significativamente a regra vigente até então, que considerava apenas a aquisição de bens e serviços nacionais. O programa privilegiará as indústrias que incentivarem percentual de conteúdo local superior ao efetivamente existente para os bens, serviços e sistemas de caráter estratégico, incluindo: i) engenharia desenvolvida localmente; ii) desenvolvimento e inovação tecnológica realizados no país; III) elevado potencial de geração de empregos qualificados; iv) promoção de exportações.

O Decreto prevê ainda a bonificação aos consórcios e empresas que promovam: i) a celebração de contratos de compra de bens, serviços e sistemas que tenham viabilizado a instalação de novos fornecedores no País; ii) o investimento direto na expansão da capacidade produtiva de fornecedores; iii) o investimento direto no processo de inovação tecnológica de fornecedores; iv) a compra de bens e sistemas no País, com conteúdo local, para atendimento a operações no exterior; v) aquisição de lotes pioneiros de bens e sistemas desenvolvidos no País. Esta bonificação poderá ser utilizada caso a concessionária não tenha conseguido atingir a meta de conteúdo local estabelecida no contrato de concessão.

O sistema de incentivos e bonificações compensa as empresas que estabelecerem parcerias com a indústria brasileira visando o seu desenvolvimento, uma vez que elas contribuem com a competitividade e internacionalização do segmento nacional. Tudo isto deve estar aliado ao incentivo à pesquisa, o que aprimora o desenvolvimento da cadeia produtiva e satisfaz as demandas do setor. Registre-se que esta é a essência do modelo norueguês, que não impôs conteúdos mínimos mas incentivou o seu cumprimento. Tomalsquim e Júnior (2011, p. 220-226) comentam que os noruegueses conseguiram sustentar a impressionante taxa de 24% de crescimento ao ano em sua produção de petróleo durante três décadas. Este crescimento contínuo aliado à percepção de que o petróleo pertence ao povo (logo, deve ser utilizado para maximizar seu bem-estar presente e futuro) fizeram com que o modelo de conteúdo local norueguês se tornasse referencial no que toca ao desenvolvimento: tal política foi responsável pelo desenvolvimento da indústria local e da manutenção de um fundo soberano que conta hoje com quase 1 trilhão de dólares.

As empresas que estabeleceram parcerias com a indústria nacional visando o seu desenvolvimento devem ser compensadas, pois contribuem com a competitividade e internacionalização do segmento nacional. Tudo isto aliado ao incentivo à pesquisa conduziria ao desenvolvimento da cadeia produtiva, satisfazendo as demandas do setor. O governo entendeu que é necessário um franco debate sobre as distorções encontradas pelo caminho.

Além do PEDEFOR, recentemente o governo federal publicou o Decreto 9.128, de 17 de agosto de 2017, que altera o Decreto 6.759/2009 e estende o prazo do Repetro até 31 de dezembro de 2040. O Repetro – regime aduaneiro especial de exportação e de importação de bens destinados às atividades de pesquisa e de lavra das jazidas de petróleo e de gás natural, foi criado em 1999 por meio do Decreto 3.161 (já revogado) com validade de vinte anos (o que ocorreria em 2019).

A Medida Provisória nº 795, de 17 de agosto de 2017, convertida na Lei nº 13.586, de 28 de dezembro de 2017, determina em seu art. 5º que este regime especial de importação permite a suspensão do pagamento dos tributos federais de bens, cuja permanência no País seja definitiva, e que sejam destinados às atividades de exploração, desenvolvimento e produção de petróleo, de gás natural e de outros hidrocarbonetos fluidos. Esta suspensão se aplica ao Imposto de Importação, Imposto sobre Produtos Industrializados – IPI, Contribuição para o PIS/Pasep-Importação e Cofins-Importação. A relação dos bens que serão beneficiados por este programa é elaborada pela Secretaria da Receita Federal do Brasil.

A suspensão do IPI se converte em isenção após cinco anos e o PIS/Pasep-Importação se converte em alíquota zero neste mesmo prazo (conforme §§3º e 4º do art. 5º da Lei nº 13.586/2017). Menção importante a ser feita é a de que o beneficiário que realizar importação com suspensão do pagamento dos tributos apontados e não destinar o bem na forma do *caput* do art. 5º ("atividades de exploração, desenvolvimento e produção de petróleo, de gás natural e de outros hidrocarbonetos fluidos") no prazo de três anos, contado da data de registro da declaração de importação, fica obrigado a recolher os tributos não pagos em decorrência da suspensão usufruída, acrescidos de juros e multa de mora, nos termos da legislação específica, calculados a partir da data de ocorrência dos respectivos fatos geradores (§5º do art. 5º da Lei nº 13.586/2017).

O art. 6º, por sua vez, suspende o pagamento de tributos federais na importação ou na aquisição no mercado interno de matérias-primas, produtos intermediários e materiais de embalagem para serem utilizados integralmente no processo produtivo de produto final destinado às atividades mencionadas. Os tributos federais são: Imposto de Importação, IPI, Contribuição para o PIS/Pasep-Importação, Cofins-Importação, Contribuição para o PIS/Pasep e Cofins.

Para o IBP – Instituto Brasileiro de Petróleo, gás e Biocombustíveis,[37] a renovação do Repetro é necessária para manter a competitividade do setor.

O regime especial suspende a tributação de bens para exploração e produção offshore importados ou produzidos no país e permite equalizar as condições de competição do Brasil com outros países produtores de petróleo nos quais não há taxação na fase de investimentos dos projetos. Além do decreto, o governo editou ainda uma Medida Provisória criando um novo regime de tributação para o setor, com desoneração definitiva para equipamentos submarinos permanentes, que não serão retirados após o fim de sua vida útil – tais como árvores de natal. Favorável ao setor, a Medida Provisória também desonerou, entre outros pontos, navios de GNL e embarcações afretadas. A indústria entende apenas que um ajuste necessário à MP, que tem prazo de cinco anos, é igualar o período de isenção ao do decreto – de 20 anos.

Uma terceira mudança estratégica foi trazida pela Lei nº 13.365/2016 que alterou a sistemática do regime de partilha de produção (12.351/2010) para facultar à Petrobras o direito de preferência para atuar como operador e possuir participação mínima de trinta por cento nos consórcios formados para exploração de blocos licitados sob esse regime. Isso ocorrerá após o Conselho Nacional de Política Energética (CNPE) considerar o interesse nacional em determinado bloco, oferecendo à petrolífera a preferência para ser o operador daquela área. A Petrobras disporá de trinta dias para apresentar manifestação justificada sobre o direito de preferência em cada um dos blocos ofertados. Ato contínuo, o CNPE proporá à Presidência da República quais blocos deverão ser operados pela empresa. Esta nova dinâmica no regime de partilha desonera a Petrobras de arcar com blocos improdutivos, possibilitando a empresa o direito de escolha nos de maior interesse.

Acredita-se que estas foram importantes mudanças no setor *Oil and Gas* no Brasil, que em alguma medida colocaram o país no mesmo rumo tomado pela Noruega há algumas décadas. Mais do que privilegiar um modelo centralizador, que conta com apenas uma grande empresa pública que domina todo o segmento, o Brasil tem tomado rumos que privilegiam competitividade e cooperação.

---

[37] Petronotícias. IBP comemora extensão do repetro para a indústria de óleo e gás. Disponível em: <https://www.petronoticias.com.br/archives/102185>. Acesso em: 19 ago. 2017.

CONSIDERAÇÕES FINAIS

A discussão sobre minérios e hidrocarbonetos na legislação brasileira data do Código de Minas de 1932, um embrião sobre o qual se erigiu esta cadeia industrial. No apogeu do "Petróleo é Nosso", nasce a Petrobras. Sua expansão ocorre principalmente nas décadas de 1960 e 1970, período no qual adquiriu autonomia administrativa e se iniciaram as primeiras descobertas na plataforma continental, com especial destaque à Bacia de Campos. A relativização do monopólio, na década de 1990, trouxe maior competitividade e inovação ao segmento de E&P, fomentando a construção de uma indústria que vai para além apenas da Petrobras.

A partir de então, em um cenário em que as concessões são a regra, a política de conteúdo local tem como escopo incentivar a atividade industrial brasileira dada a necessidade contratual para a aquisição de produtos e serviços nacionais requeridos na exploração e desenvolvimento do petróleo e gás natural. Tratando-se de investimentos geograficamente descentralizados, pois beneficia diversas localidades que se conectam à atividade do segmento, o conteúdo local tem fomentado empregos e contribuído para o desenvolvimento social.

Eis aqui a importância em se olhar para a experiência bem-sucedida da Noruega no estabelecimento de uma cadeia produtiva com tecnologia de ponta a partir da política de desenvolvimento local. O traço que nos diferencia, oportuno ressaltar, é o ambiente de competitividade que os noruegueses buscaram sempre imprimir, algo que o Brasil ainda precisa vislumbrar como meio para atrair investimento estrangeiro, aprimorar a tecnologia nacional e abrir novas fronteiras de negócios às nossas empresas.

Além disto, a Noruega soube limitar o crescimento de sua petrolífera estatal de modo que ela não se tornasse um agente muito forte dentro do Estado. Sua preocupação, conforme ressaltado, era que a empresa limitasse investimentos internacionais e intercâmbio tecnológico, além de possibilitar que seus dirigentes pudessem persuadir legisladores e administradores em prol de seus interesses estratégicos, tornando-se manancial de corrupção no Estado. Analisando-se o quadro geral brasileiro dos últimos anos, em especial no que toca ao uso da

Petrobras para interesses políticos escusos, conclui-se que as decisões norueguesas foram acertadas naquele sentido e naquele momento histórico.

Desde o fim do monopólio, ao longo destes últimos vinte anos, o setor de petróleo e gás natural experimentou uma expansão nunca antes vista, com inúmeras descobertas importantes que colocaram o Brasil entre os principais países no quesito E&P. Entre benesses e fragilidades do setor, é preciso reavaliar a sistemática adotada pelo país de modo a se readequar à nova dinâmica global. No caso brasileiro, demanda-se maior participação privada no setor, fortalecendo o seu lastro de agente regulador e fiscalizador.

A política de conteúdo local seguirá como um importante fator de desenvolvimento estrutural da indústria petrolífera nacional. Sua ampliação é resultado direto do fortalecimento de toda a cadeia, que implica na geração de empregos, desenvolvimento local e ampliação do bem-estar social.

Nesta medida, o PEDEFOR indica maior estímulo à competitividade da cadeia produtiva, ao desenvolvimento e ao aprimoramento de fornecedores. Isto significa que os atores privados serão chamados a trabalhar em parceria com o Estado, o que é necessário, haja vista que as matrizes energéticas que se valem do petróleo não serão utilizadas eternamente. Não quer dizer que se estará entregando o petróleo brasileiro aos interesses internacionais: é preciso que o Estado trabalhe em conjunto com agentes privados, visto que não é necessária a sua presença em todos os flancos da economia.

Todavia, uma crítica antiga do setor é a inexistência de um cronograma governamental que transcenda o imediatismo e se projete o setor no médio e longo prazo, para que a indústria possa estar preparada para eventuais mudanças. Ao mesmo tempo, é preciso que se fortaleçam as políticas que visem o aprimoramento tecnológico desta cadeia, priorizando-se a implantação de infraestrutura suficiente para o suporte das metas de conteúdo local e previsão dos investimentos no segmento de E&P.

A indústria do petróleo e gás-natural é central para o desenvolvimento econômico brasileiro. Os caminhos trilhados por outros países, como a Noruega, mostram que é possível melhorar a vida das pessoas a partir de boa estratégia e gestão neste setor. É preciso pontuar ainda que o atual sucesso econômico do setor naquele país colaborou com a indústria naval que, embora outrora fosse muito forte, já estava em franco declínio no período inicial das atividades petrolíferas.

Os noruegueses demonstram que sua indústria é forte e tem bases progressistas no que se refere às pessoas. Os marcos regulatórios brasileiros, neste sentido, estabeleceram os alicerces de uma indústria forte e dinâmica, mas que ainda pode ser desafiada de modo a continuar em fraco diálogo com os objetivos constitucionais do Estado brasileiro. Espera-se apenas que os agentes envolvidos, públicos e privados, colaborem para a sua consecução.

REFERÊNCIAS

ACHEAMPONG, Theophilus (et al.). An assessment of local-content policies in oil and gas producing countries. *The Journal of World Energy Law & Business – Oxford University*, Volume 9, Issue 4, 1 August 2016, Pages 282–302

ABILITY CERTIFICADORA. Conteúdo local. Disponível em: http://www.ability certificadora.com.br/conteudo-local/. Acesso em: 13 fev. 2017.

ADO, Rabiu. Local content policy and the wto rules of trade related investment measures (trims): the pros and Cons. *International Journal of Business and Management Studies*. Aberdeen: Vol.2 (1), 2013, p. 137-146

ANP. *Brasil Round 9*. Disponível em: <http://www.anp.gov.br/brasil-rounds/round9/round9/conteudo_local.asp>. Acesso em: 13 fev. 2017.

_____. *Boletim da produção de petróleo e gás natural*. ANP, Rio de Janeiro, n. 60, Ago. 2015.

_____. Relatório final da 12ª rodada de licitações. Disponível em: <http://www.brasil-roundsdata.anp.gov.br/relatoriosbid/Bloco/Consolidado BlocoDesktopFiltrado/17>. Acesso em: 13 fev. 2017.

_____. *Rodadas de licitações*. Disponível em: <http://www.brasil-rounds.gov.br/index.asp>. Acesso em: 02 maio 2016.

_____. *Resolução 36*. Disponível em: <http://www.anp.gov.br/brasil-rounds/round9/round9/Diario_oficial/Resolucao36.pdf>. Acesso em: 08 set. 2016.

ARISTÓTELES. *Política*. São Paulo: Nova Cultural, 2000 (Os Pensadores).

BERCOVICI, Gilberto. *Direito econômico do petróleo e dos recursos minerais*. São Paulo: Quartier Latin, 2011.

_____. *Direito econômico aplicado: estudos e pareceres* São Paulo: Contra Corrente, 2016.

BINDEMANN, Kirsten. *Production-sharing Agreements: An Economic Analysis*. Oxford Institute for Energy Studies, 1999. Disponível em: <http://www.oxfordenergy.org/wpcms/wpcontent/uploads/2010/11/WPM25-ProductionSharingAgreementsAnEconomicAnalysis-KBindemann-1999.pdf>. Acesso em: 25/08/2017.

BP Energy Outlook 2035. *Country and regional insights – Brazil*. Disponível em: <http://www.bp.com/content/dam/bp-country/en_br/Home page/Press/Country_insights_Brazil_2035_ENG.pdf>. Acesso em: 12 fev. 2017.

BP Statistical Review of World Energy 2017. Disponível em: <https://www.bp.com/content/dam/bp/en/corporate/pdf/energy-economics/statistical-review-2017/bp-statistical-review-of-world-energy-2017-full-report.pdf>. Acesso em 13 ago. 2017.

BRASIL, Eric Universo Rodrigues; POSTALI, Fernando Antonio Slaibe. *Assimetrias entre os competidores nos leilões da ANP*. Econ. Apl., 2013, vol. 17, n. 3, p. 215-241.

D'ALMEIDA, Albino Lopes. *Indústria do petróleo no Brasil e no mundo*. São Paulo: Blucher, 2015.

FARAH, Marco Antônio. *Petróleo e seus derivados*. Rio de Janeiro: LTC, 2015.

FIEB - FEDERAÇÃO DAS INDÚSTRIAS DO ESTADO DA BAHIA. *A política brasileira de conteúdo local para o setor de petróleo e gás*. Janeiro de 2015. Disponível em: <http://sinaval.org.br/wp-content/uploads/Relatorio_Final_COnteudo_local_FIEB-v05-02-2015.pdf>. Acesso em: 23 jul. 2017.

FIORILLO, Celso Antonio Pacheco; FERREIRA, Renata Marques. *Curso de Direito da Energia*. 3. ed. São Paulo: Saraiva, 2015.

FRANCISCO, Bruno Mattielo. *Um modelo de leilões com conteúdo local*. Disponível em: <https://bibliotecadigital.fgv.br/dspace/bitstream/handle/10438/14009/20140627_Dissertacao%20vf4%20rev2%20imp.pdf?sequence=1&isAllowed=y>. Acesso em: 13 fev. 2017.

GRAU, Eros. *A Ordem Jurídica na Constituição de 1988*. 4. ed. São Paulo: Malheiros, 1998.

HEUM, P. *Local Content Development – Experiences from Oil and Gas Activities in Norway*. SNF: Bergen, 2008.

IBP – Instituto Brasileiro de Petróleo, Gás e Biocombustíveis. Disponível em: <http://www.ibp.org.br/>.

IBP. *Agenda prioritária da indústria de petróleo, gás e biocombustíveis*. Rio de Janeiro, IBP, 2015.

LESKINEN, Olivia (et al). *Norway Oil and Gas Cluster*. Harvard Business School. Disponível em: <http://www.isc.hbs.edu/resources/courses/moc-course-at-harvard/Documents/pdf/studentprojects/120503%20MOC%20 Norway%20final.pdf>. Acesso em: 15 ago. 2017.

LEMOS, Luiz Antonio Maia Espínola de; MATTOS, Gustavo Pequeno Peretti. *O programa exploratório mínimo e a sexta rodada*. 2004. Disponível em: <http://www.ambito-juridico.com.br/site/index.php?n_link=revista_artigos_leitura&artigo_id=4514>. Acesso em: 13 fev. 2017.

Local Content. *Columbia Center on Sustainable Investment*. Disponível em: <http://ccsi.columbia.edu/files/2014/03/Local-Content-Norway-Petroleum-CCSI-May-2016.pdf>. Acesso em: 15 ago. 2017.

MATHIAS, Melissa Cristina Pinto Pires. *A formação da indústria global de gás natural*. Rio de Janeiro: Interciência, 2010.

NETO, Artur Watt. *Petróleo, gás natural e biocombustíveis*. São Paulo: Saraiva, 2014.

NPD – Norwegian Petroleum Directorate. *Facts 2014 The Norwegian Petroleum Sector*. Disponível em: <http://www.npd.no/en/Publications/ Facts/Facts-2014/>. Acesso em: 22 jul. 2017.

NORWEGIAN PETROLEUM. Disponível em: <http://www.norskpetroleum .no/en/>. Acesso em: 16 jul. 2017.

PANSIERI, Flávio. É preciso repensar a política de conteúdo local no Brasil. *Revista Brasil Energia Petróleo e Gás*. Edição dez/2015.

_____. O Pedefor e as novas regras do conteúdo local. *Revista Brasil Energia Petróleo e Gás*. Edição Fev/2016. É possível acessar o texto em: http://sinaval.org.br/2016/03/o-pedefor-e-as-novas-regras-do-conteudo-local/. Acesso em: 13 fev. 2017.

PETROBRAS. Marco Regulatório. Disponível em: <http://www.petrobras.com.br/pt/nossas-atividades/areas-de-atuacao/exploracao-e-producao-de-petroleo-e-gas/marco-regulatorio/>. Acesso em: 22 jul. 2017.

Petronotícias. IBP comemora extensão do repetro para a indústria de óleo e gás. Disponível em: <https://www.petronoticias.com.br/ archives/102185>. Acesso em: 19 ago. 2017.

PINHO, Cláudio A. *Pré-Sal*. Legal: Belo Horizonte, 2010.

PROMINP. Conteúdo local. Disponível em: <http://www.prominp.com.br/prominp/pt_br/conteudo/conteudo-local.htm>. Acesso em: 13 fev. 2017.

RYGGVIK, Helge. A Short History of the Norwegian Oil Industry: From Protected National Champions to Internationally Competitive Multinationals. *In Business History Review*, Cambridge, n. 89, p. 03-41, spring 2015.

_____. *Construindo uma indústria nacional de petróleo offshore*: a experiência norueguesa. Rio de Janeiro: Elsevier, 2014.

SCAFF, Fernando Facury. *Royalties do petróleo, minério e energia*. São Paulo: RT, 2014.

TOMALSQUIN, Mauricio Tiomno; JUNIOR, Helder Queiroz Pinto. *Marcos regulatórios da indústria mundial do petróleo*. Rio de Janeiro: Synergia: EPE, 2011.

VAL, Célio Eduardo Martins; MAIA, João Luiz Ponce; SANTOS, Walmir Gomes dos. *Tecnologia da Indústria do Gás Natural*. São Paulo: Blücher, 2008.

LEGISLAÇÃO RELACIONADA

Lei nº 9.478, de 6 de agosto de 1997

Dispõe sobre a política energética nacional, as atividades relativas ao monopólio do petróleo, institui o Conselho Nacional de Política Energética e a Agência Nacional do Petróleo e dá outras providências.

O PRESIDENTE DA REPÚBLICA, Faço saber que o Congresso Nacional decreta e eu sanciono a seguinte Lei:

CAPÍTULO I
Dos Princípios e Objetivos da Política Energética Nacional

Art. 1º As políticas nacionais para o aproveitamento racional das fontes de energia visarão aos seguintes objetivos:

I – preservar o interesse nacional;
II – promover o desenvolvimento, ampliar o mercado de trabalho e valorizar os recursos energéticos;
III – proteger os interesses do consumidor quanto a preço, qualidade e oferta dos produtos;
IV – proteger o meio ambiente e promover a conservação de energia;
V – garantir o fornecimento de derivados de petróleo em todo o território nacional, nos termos do §2º do art. 177 da Constituição Federal;
VI – incrementar, em bases econômicas, a utilização do gás natural;
VII – identificar as soluções mais adequadas para o suprimento de energia elétrica nas diversas regiões do País;
VIII – utilizar fontes alternativas de energia, mediante o aproveitamento econômico dos insumos disponíveis e das tecnologias aplicáveis;
IX – promover a livre concorrência;
X – atrair investimentos na produção de energia;
XI – ampliar a competitividade do País no mercado internacional.
XII – incrementar, em bases econômicas, sociais e ambientais, a participação dos biocombustíveis na matriz energética nacional. (Redação dada pela Lei nº 11.097, de 2005)
XIII – garantir o fornecimento de biocombustíveis em todo o território nacional; (Incluído pela Lei nº 12.490, de 2011)
XIV – incentivar a geração de energia elétrica a partir da biomassa e de subprodutos da produção de biocombustíveis, em razão do seu caráter limpo, renovável e complementar à fonte hidráulica; (Incluído pela Lei nº 12.490, de 2011)

XV – promover a competitividade do País no mercado internacional de biocombustíveis; (Incluído pela Lei nº 12.490, de 2011)
XVI – atrair investimentos em infraestrutura para transporte e estocagem de biocombustíveis; (Incluído pela Lei nº 12.490, de 2011)
XVII – fomentar a pesquisa e o desenvolvimento relacionados à energia renovável; (Incluído pela Lei nº 12.490, de 2011)
XVIII – mitigar as emissões de gases causadores de efeito estufa e de poluentes nos setores de energia e de transportes, inclusive com o uso de biocombustíveis. (Incluído pela Lei nº 12.490, de 2011)

CAPÍTULO II
Do Conselho Nacional de Política Energética

Art. 2º Fica criado o Conselho Nacional de Política Energética – CNPE, vinculado à Presidência da República e presidido pelo Ministro de Estado de Minas e Energia, com a atribuição de propor ao Presidente da República políticas nacionais e medidas específicas destinadas a:
I – promover o aproveitamento racional dos recursos energéticos do País, em conformidade com os princípios enumerados no capítulo anterior e com o disposto na legislação aplicável;
II – assegurar, em função das características regionais, o suprimento de insumos energéticos às áreas mais remotas ou de difícil acesso do País, submetendo as medidas específicas ao Congresso Nacional, quando implicarem criação de subsídios;
III – rever periodicamente as matrizes energéticas aplicadas às diversas regiões do País, considerando as fontes convencionais e alternativas e as tecnologias disponíveis;
IV – estabelecer diretrizes para programas específicos, como os de uso do gás natural, do carvão, da energia termonuclear, dos biocombustíveis, da energia solar, da energia eólica e da energia proveniente de outras fontes alternativas; (Redação dada pela Lei nº 11.097, de 2005)
V – estabelecer diretrizes para a importação e exportação, de maneira a atender às necessidades de consumo interno de petróleo e seus derivados, biocombustíveis, gás natural e condensado, e assegurar o adequado funcionamento do Sistema Nacional de Estoques de Combustíveis e o cumprimento do Plano Anual de Estoques Estratégicos de Combustíveis, de que trata o art. 4º da Lei nº 8.176, de 8 de fevereiro de 1991; (Redação dada pela Lei nº 12.490, de 2011)
VI – sugerir a adoção de medidas necessárias para garantir o atendimento à demanda nacional de energia elétrica, considerando o planejamento de longo, médio e curto prazos, podendo indicar empreendimentos que devam ter prioridade de licitação e implantação, tendo em vista seu caráter estratégico e de interesse público, de forma que tais projetos venham assegurar a otimização do binômio modicidade tarifária e confiabilidade do Sistema Elétrico. (Incluído pela lei nº 10.848, de 2004)
VII – estabelecer diretrizes para o uso de gás natural como matéria-prima em processos produtivos industriais, mediante a regulamentação de condições e critérios específicos, que visem a sua utilização eficiente e compatível com os mercados interno e externos. (Incluído pela Lei nº 11.909, de 2009)
VIII – definir os blocos a serem objeto de concessão ou partilha de produção; (Incluído pela Lei nº 12.351, de 2010)
IX – definir a estratégia e a política de desenvolvimento econômico e tecnológico da indústria de petróleo, de gás natural, de outros hidrocarbonetos fluidos e de biocombustíveis, bem como da sua cadeia de suprimento; (Redação dada pela Lei nº 12.490, de 2011)
X – induzir o incremento dos índices mínimos de conteúdo local de bens e serviços, a serem observados em licitações e contratos de concessão e de partilha de produção, observado o disposto no inciso IX. (Incluído pela Lei nº 12.351, de 2010)

XI – definir diretrizes para comercialização e uso de biodiesel e estabelecer, em caráter autorizativo, quantidade superior ao percentual de adição obrigatória fixado em lei específica. (Incluído pela Lei nº 13.033, de 2014) (Vide Medida Provisória nº 688, de 2015)
XII – estabelecer os parâmetros técnicos e econômicos das licitações de concessões de geração, transmissão e distribuição de energia elétrica, de que trata o art. 8º da Lei nº 12.783, de 11 de janeiro de 2013; e (Redação dada pela Lei nº 13.203, de 2015)
XIII – definir a estratégia e a política de desenvolvimento tecnológico do setor de energia elétrica. (Incluído pela Lei nº 13.203, de 2015)
§1º Para o exercício de suas atribuições, o CNPE contará com o apoio técnico dos órgãos reguladores do setor energético.
§2º O CNPE será regulamentado por decreto do Presidente da República, que determinará sua composição e a forma de seu funcionamento.
Art. 2º-A. Caberá ao Ministério de Minas e Energia, entre outras competências, propor ao CNPE os seguintes parâmetros técnicos e econômicos: (Incluído pela Lei nº 13.203, de 2015)
I – valores de bonificação pela outorga das concessões a serem licitadas nos termos do art. 8º da Lei nº 12.783, de 11 de janeiro de 2013; (Incluído pela Lei nº 13.203, de 2015)
II – prazo e forma de pagamento da bonificação pela outorga de que trata o inciso I; e (Incluído pela Lei nº 13.203, de 2015)
III – nas licitações de geração: (Incluído pela Lei nº 13.203, de 2015)
a) a parcela da garantia física destinada ao Ambiente de Contratação Regulada – ACR dos empreendimentos de geração licitados nos termos do art. 8º da Lei nº 12.783, de 11 de janeiro de 2013, observado o limite mínimo de 70% (setenta por cento) destinado ao ACR, e o disposto no §3º do art. 8º da Lei nº 12.783, de 11 de janeiro de 2013; e (Incluída pela Lei nº 13.203, de 2015)
b) a data de que trata o §8º do art. 8º da Lei nº 12.783, de 11 de janeiro de 2013. (Incluída pela Lei nº 13.203, de 2015)
Parágrafo único. Nos casos previstos nos incisos I e II do caput, será ouvido o Ministério da Fazenda. (Incluído pela Lei nº 13.203, de 2015)
Art. 2º-B. Caberá ao Ministério de Minas e Energia, entre outras competências, propor ao CNPE a política de desenvolvimento tecnológico do setor de energia elétrica. (Incluído pela Lei nº 13.203, de 2015)
Parágrafo único. Na proposição de que trata o caput, será ouvido o Ministério da Ciência, Tecnologia e Inovação. (Incluído pela Lei nº 13.203, de 2015)

CAPÍTULO III
Da Titularidade e do Monopólio do Petróleo e do Gás Natural

SEÇÃO I
Do Exercício do Monopólio

Art. 3º Pertencem à União os depósitos de petróleo, gás natural e outros hidrocarbonetos fluidos existentes no território nacional, nele compreendidos a parte terrestre, o mar territorial, a plataforma continental e a zona econômica exclusiva.
Art. 4º Constituem monopólio da União, nos termos do art. 177 da Constituição Federal, as seguintes atividades:
I – a pesquisa e lavra das jazidas de petróleo e gás natural e outros hidrocarbonetos fluidos;
II – a refinação de petróleo nacional ou estrangeiro;
III – a importação e exportação dos produtos e derivados básicos resultantes das atividades previstas nos incisos anteriores;
IV – o transporte marítimo do petróleo bruto de origem nacional ou de derivados básicos de petróleo produzidos no País, bem como o transporte, por meio de conduto, de petróleo bruto, seus derivados e de gás natural.
Art. 5º As atividades econômicas de que trata o art. 4º desta Lei serão reguladas e fiscalizadas pela União e poderão ser exercidas, mediante concessão, autorização ou

contratação sob o regime de partilha de produção, por empresas constituídas sob as leis brasileiras, com sede e administração no País. (Redação dada pela Lei nº 12.351, de 2010)

SEÇÃO II
Das Definições Técnicas

Art. 6º Para os fins desta Lei e de sua regulamentação, ficam estabelecidas as seguintes definições:

I – Petróleo: todo e qualquer hidrocarboneto líquido em seu estado natural, a exemplo do óleo cru e condensado;

II – Gás Natural ou Gás: todo hidrocarboneto que permaneça em estado gasoso nas condições atmosféricas normais, extraído diretamente a partir de reservatórios petrolíferos ou gaseíferos, incluindo gases úmidos, secos, residuais e gases raros;

III – Derivados de Petróleo: produtos decorrentes da transformação do petróleo;

IV – Derivados Básicos: principais derivados de petróleo, referidos no art. 177 da Constituição Federal, a serem classificados pela Agência Nacional do Petróleo;

V – Refino ou Refinação: conjunto de processos destinados a transformar o petróleo em derivados de petróleo;

VI – Tratamento ou Processamento de Gás Natural: conjunto de operações destinadas a permitir o seu transporte, distribuição e utilização;

VII – Transporte: movimentação de petróleo, seus derivados, biocombustíveis ou gás natural em meio ou percurso considerado de interesse geral; (Redação dada pela Lei nº 12.490, de 2011)

VIII – Transferência: movimentação de petróleo, seus derivados, biocombustíveis ou gás natural em meio ou percurso considerado de interesse específico e exclusivo do proprietário ou explorador das facilidades; (Redação dada pela Lei nº 12.490, de 2011)

IX – Bacia Sedimentar: depressão da crosta terrestre onde se acumulam rochas sedimentares que podem ser portadoras de petróleo ou gás, associados ou não;

X – Reservatório ou Depósito: configuração geológica dotada de propriedades específicas, armazenadora de petróleo ou gás, associados ou não;

XI – Jazida: reservatório ou depósito já identificado e possível de ser posto em produção;

XII – Prospecto: feição geológica mapeada como resultado de estudos geofísicos e de interpretação geológica, que justificam a perfuração de poços exploratórios para a localização de petróleo ou gás natural;

XIII – Bloco: parte de uma bacia sedimentar, formada por um prisma vertical de profundidade indeterminada, com superfície poligonal definida pelas coordenadas geográficas de seus vértices, onde são desenvolvidas atividades de exploração ou produção de petróleo e gás natural;

XIV – Campo de Petróleo ou de Gás Natural: área produtora de petróleo ou gás natural, a partir de um reservatório contínuo ou de mais de um reservatório, a profundidades variáveis, abrangendo instalações e equipamentos destinados à produção;

XV – Pesquisa ou Exploração: conjunto de operações ou atividades destinadas a avaliar áreas, objetivando a descoberta e a identificação de jazidas de petróleo ou gás natural;

XVI – Lavra ou Produção: conjunto de operações coordenadas de extração de petróleo ou gás natural de uma jazida e de preparo para sua movimentação;

XVII – Desenvolvimento: conjunto de operações e investimentos destinados a viabilizar as atividades de produção de um campo de petróleo ou gás;

XVIII – Descoberta Comercial: descoberta de petróleo ou gás natural em condições que, a preços de mercado, tornem possível o retorno dos investimentos no desenvolvimento e na produção;

XIX – Indústria do Petróleo: conjunto de atividades econômicas relacionadas com a exploração, desenvolvimento, produção, refino, processamento, transporte, importação e exportação de petróleo, gás natural e outros hidrocarbonetos fluidos e seus derivados;

XX – Distribuição: atividade de comercialização por atacado com a rede varejista ou com grandes consumidores de combustíveis, lubrificantes, asfaltos e gás liquefeito envasado, exercida por empresas especializadas, na forma das leis e regulamentos aplicáveis;
XXI – Revenda: atividade de venda a varejo de combustíveis, lubrificantes e gás liquefeito envasado, exercida por postos de serviços ou revendedores, na forma das leis e regulamentos aplicáveis;
XXII – Distribuição de Gás Canalizado: serviços locais de comercialização de gás canalizado, junto aos usuários finais, explorados com exclusividade pelos Estados, diretamente ou mediante concessão, nos termos do §2º do art. 25 da Constituição Federal;
XXIII – Estocagem de Gás Natural: armazenamento de gás natural em reservatórios próprios, formações naturais ou artificiais.
XXIV – Biocombustível: substância derivada de biomassa renovável, tal como biodiesel, etanol e outras substâncias estabelecidas em regulamento da ANP, que pode ser empregada diretamente ou mediante alterações em motores a combustão interna ou para outro tipo de geração de energia, podendo substituir parcial ou totalmente combustíveis de origem fóssil; (Redação dada pela Lei nº 12.490, de 2011)
XXV – Biodiesel: biocombustível derivado de biomassa renovável para uso em motores a combustão interna com ignição por compressão ou, conforme regulamento, para geração de outro tipo de energia, que possa substituir parcial ou totalmente combustíveis de origem fóssil. (Incluído pela Lei nº 11.097, de 2005)
XXVI – Indústria Petroquímica de Primeira e Segunda Geração: conjunto de indústrias que fornecem produtos petroquímicos básicos, a exemplo do eteno, do propeno e de resinas termoplásticas. (Incluído pela lei nº 11.921, de 2009)
XXVII – cadeia produtiva do petróleo: sistema de produção de petróleo, gás natural e outros hidrocarbonetos fluidos e seus derivados, incluindo a distribuição, a revenda e a estocagem, bem como o seu consumo. (Incluído pela lei nº 12.114, de 2009)
XXVIII – Indústria de Biocombustível: conjunto de atividades econômicas relacionadas com produção, importação, exportação, transferência, transporte, armazenagem, comercialização, distribuição, avaliação de conformidade e certificação de qualidade de biocombustíveis; (Incluído pela Lei nº 12.490, de 2011)
XXIX – Produção de Biocombustível: conjunto de operações industriais para a transformação de biomassa renovável, de origem vegetal ou animal, em combustível; (Incluído pela Lei nº 12.490, de 2011)
XXX – Etanol: biocombustível líquido derivado de biomassa renovável, que tem como principal componente o álcool etílico, que pode ser utilizado, diretamente ou mediante alterações, em motores a combustão interna com ignição por centelha, em outras formas de geração de energia ou em indústria petroquímica, podendo ser obtido por rotas tecnológicas distintas, conforme especificado em regulamento; e (Incluído pela Lei nº 12.490, de 2011)
XXXI – Bioquerosene de Aviação: substância derivada de biomassa renovável que pode ser usada em turborreatores e turbopropulsores aeronáuticos ou, conforme regulamento, em outro tipo de aplicação que possa substituir parcial ou totalmente combustível de origem fóssil. (Incluído pela Lei nº 12.490, de 2011)

CAPÍTULO IV
DA AGÊNCIA NACIONAL DO PETRÓLEO, GÁS NATURAL E BIOCOMBUSTÍVEIS
(Redação dada pela Lei nº 11.097, de 2005)

SEÇÃO I
Da Instituição e das Atribuições

Art. 7º Fica instituída a Agência Nacional do Petróleo, Gás Natural e Biocombustíves – ANP, entidade integrante da Administração Federal Indireta, submetida ao regime autárquico especial, como órgão regulador da indústria do petróleo, gás natural, seus derivados e biocombustíveis, vinculada ao Ministério de Minas e Energia. (Redação dada pela Lei nº 11.097, de 2005)

Parágrafo único. A ANP terá sede e foro no Distrito Federal e escritórios centrais na cidade do Rio de Janeiro, podendo instalar unidades administrativas regionais.

Art. 8º A ANP terá como finalidade promover a regulação, a contratação e a fiscalização das atividades econômicas integrantes da indústria do petróleo, do gás natural e dos biocombustíveis, cabendo-lhe: (Redação dada pela Lei nº 11.097, de 2005)

I – implementar, em sua esfera de atribuições, a política nacional de petróleo, gás natural e biocombustíveis, contida na política energética nacional, nos termos do Capítulo I desta Lei, com ênfase na garantia do suprimento de derivados de petróleo, gás natural e seus derivados, e de biocombustíveis, em todo o território nacional, e na proteção dos interesses dos consumidores quanto a preço, qualidade e oferta dos produtos; (Redação dada pela Lei nº 11.097, de 2005)

II – promover estudos visando à delimitação de blocos, para efeito de concessão ou contratação sob o regime de partilha de produção das atividades de exploração, desenvolvimento e produção; (Redação dada pela Lei nº 12.351, de 2010)

III – regular a execução de serviços de geologia e geofísica aplicados à prospecção petrolífera, visando ao levantamento de dados técnicos, destinados à comercialização, em bases não-exclusivas;

IV – elaborar os editais e promover as licitações para a concessão de exploração, desenvolvimento e produção, celebrando os contratos delas decorrentes e fiscalizando a sua execução;

V – autorizar a prática das atividades de refinação, liquefação, regaseificação, carregamento, processamento, tratamento, transporte, estocagem e acondicionamento; (Redação dada pela Lei nº 11.909, de 2009)

VI – estabelecer critérios para o cálculo de tarifas de transporte dutoviário e arbitrar seus valores, nos casos e da forma previstos nesta Lei;

VII – fiscalizar diretamente e de forma concorrente nos termos da Lei nº 8.078, de 11 de setembro de 1990, ou mediante convênios com órgãos dos Estados e do Distrito Federal as atividades integrantes da indústria do petróleo, do gás natural e dos biocombustíveis, bem como aplicar as sanções administrativas e pecuniárias previstas em lei, regulamento ou contrato; (Redação dada pela Lei nº 11.909, de 2009)

VIII – instruir processo com vistas à declaração de utilidade pública, para fins de desapropriação e instituição de servidão administrativa, das áreas necessárias à exploração, desenvolvimento e produção de petróleo e gás natural, construção de refinarias, de dutos e de terminais;

IX – fazer cumprir as boas práticas de conservação e uso racional do petróleo, gás natural, seus derivados e biocombustíveis e de preservação do meio ambiente; (Redação dada pela Lei nº 11.097, de 2005)

X – estimular a pesquisa e a adoção de novas tecnologias na exploração, produção, transporte, refino e processamento;

XI – organizar e manter o acervo das informações e dados técnicos relativos às atividades reguladas da indústria do petróleo, do gás natural e dos biocombustíveis; (Redação dada pela Lei nº 11.097, de 2005)

XII – consolidar anualmente as informações sobre as reservas nacionais de petróleo e gás natural transmitidas pelas empresas, responsabilizando-se por sua divulgação;

XIII – fiscalizar o adequado funcionamento do Sistema Nacional de Estoques de Combustíveis e o cumprimento do Plano Anual de Estoques Estratégicos de Combustíveis, de que trata o art. 4º da Lei nº 8.176, de 8 de fevereiro de 1991;

XIV – articular-se com os outros órgãos reguladores do setor energético sobre matérias de interesse comum, inclusive para efeito de apoio técnico ao CNPE;

XV – regular e autorizar as atividades relacionadas com o abastecimento nacional de combustíveis, fiscalizando-as diretamente ou mediante convênios com outros órgãos da União, Estados, Distrito Federal ou Municípios.

XVI – regular e autorizar as atividades relacionadas à produção, à importação, à exportação, à armazenagem, à estocagem, ao transporte, à transferência, à distribuição, à revenda e à comercialização de biocombustíveis, assim como avaliação de conformidade e certificação de sua qualidade, fiscalizando-as diretamente ou mediante convênios com outros órgãos da União, Estados, Distrito Federal ou Municípios; (Redação dada pela Lei nº 12.490, de 2011)

XVII – exigir dos agentes regulados o envio de informações relativas às operações de produção, importação, exportação, refino, beneficiamento, tratamento, processamento, transporte, transferência, armazenagem, estocagem, distribuição, revenda, destinação e comercialização de produtos sujeitos à sua regulação; (Incluído pela Lei nº 11.097, de 2005)

XVIII – especificar a qualidade dos derivados de petróleo, gás natural e seus derivados e dos biocombustíveis. (Incluído pela Lei nº 11.097, de 2005)

XIX – regular e fiscalizar o acesso à capacidade dos gasodutos; (Incluído pela Lei nº 11.909, de 2009)

XX – promover, direta ou indiretamente, as chamadas públicas para a contratação de capacidade de transporte de gás natural, conforme as diretrizes do Ministério de Minas e Energia; (Incluído pela Lei nº 11.909, de 2009)

XXI – registrar os contratos de transporte e de interconexão entre instalações de transporte, inclusive as procedentes do exterior, e os contratos de comercialização, celebrados entre os agentes de mercado; (Incluído pela Lei nº 11.909, de 2009)

XXII – informar a origem ou a caracterização das reservas do gás natural contratado e a ser contratado entre os agentes de mercado; (Incluído pela Lei nº 11.909, de 2009)

XXIII – regular e fiscalizar o exercício da atividade de estocagem de gás natural, inclusive no que se refere ao direito de acesso de terceiros às instalações concedidas; (Incluído pela Lei nº 11.909, de 2009)

XXIV – elaborar os editais e promover as licitações destinadas à contratação de concessionários para a exploração das atividades de transporte e de estocagem de gás natural; (Incluído pela Lei nº 11.909, de 2009)

XXV – celebrar, mediante delegação do Ministério de Minas e Energia, os contratos de concessão para a exploração das atividades de transporte e estocagem de gás natural sujeitas ao regime de concessão;

XXVI – autorizar a prática da atividade de comercialização de gás natural, dentro da esfera de competência da União; (Incluído pela Lei nº 11.909, de 2009)

XXVII – estabelecer critérios para a aferição da capacidade dos gasodutos de transporte e de transferência; (Incluído pela Lei nº 11.909, de 2009)

XXVIII – articular-se com órgãos reguladores estaduais e ambientais, objetivando compatibilizar e uniformizar as normas aplicáveis à indústria e aos mercados de gás natural(Incluído pela Lei nº 11.909, de 2009)

Parágrafo único. No exercício das atribuições de que trata este artigo, com ênfase na garantia do abastecimento nacional de combustíveis, desde que em bases econômicas sustentáveis, a ANP poderá exigir dos agentes regulados, conforme disposto em regulamento: (Incluído pela Lei nº 12490, de 2011)

I – a manutenção de estoques mínimos de combustíveis e de biocombustíveis, em instalação própria ou de terceiro; (Incluído pela Lei nº 12490, de 2011)

II – garantias e comprovação de capacidade para atendimento ao mercado de combustíveis e biocombustíveis, mediante a apresentação de, entre outros mecanismos, contratos de fornecimento entre os agentes regulados. (Incluído pela Lei nº 12490, de 2011)

Art. 8º-A. Caberá à ANP supervisionar a movimentação de gás natural na rede de transporte e coordená-la em situações caracterizadas como de contingência. (Incluído pela Lei nº 11.909, de 2009)

§1º O Comitê de Contingenciamento definirá as diretrizes para a coordenação das operações da rede de movimentação de gás natural em situações caracterizadas como de contingência, reconhecidas pelo Presidente da República, por meio de decreto. (Incluído pela Lei nº 11.909, de 2009)

§2º No exercício das atribuições referidas no caput deste artigo, caberá à ANP, sem prejuízo de outras funções que lhe forem atribuídas na regulamentação: (Incluído pela Lei nº 11.909, de 2009)

I – supervisionar os dados e as informações dos centros de controle dos gasodutos de transporte; (Incluído pela Lei nº 11.909, de 2009)

II – manter banco de informações relativo ao sistema de movimentação de gás natural permanentemente atualizado, subsidiando o Ministério de Minas e Energia com as informações sobre necessidades de reforço ao sistema; (Incluído pela Lei nº 11.909, de 2009)

III – monitorar as entradas e saídas de gás natural das redes de transporte, confrontando os volumes movimentados com os contratos de transporte vigentes; (Incluído pela Lei nº 11.909, de 2009)

IV – dar publicidade às capacidades de movimentação existentes que não estejam sendo utilizadas e às modalidades possíveis para sua contratação; e (Incluído pela Lei nº 11.909, de 2009)

V – estabelecer padrões e parâmetros para a operação e manutenção eficientes do sistema de transporte e estocagem de gás natural. (Incluído pela Lei nº 11.909, de 2009)

§3º Os parâmetros e informações relativos ao transporte de gás natural necessários à supervisão, controle e coordenação da operação dos gasodutos deverão ser disponibilizados pelos transportadores à ANP, conforme regulação específica. (Incluído pela Lei nº 11.909, de 2009)

Art. 9º Além das atribuições que lhe são conferidas no artigo anterior, caberá à ANP exercer, a partir de sua implantação, as atribuições do Departamento Nacional de Combustíveis – DNC, relacionadas com as atividades de distribuição e revenda de derivados de petróleo e álcool, observado o disposto no art. 78.

Art. 10. Quando, no exercício de suas atribuições, a ANP tomar conhecimento de fato que possa configurar indício de infração da ordem econômica, deverá comunicá-lo imediatamente ao Conselho Administrativo de Defesa Econômica – Cade e à Secretaria de Direito Econômico do Ministério da Justiça, para que estes adotem as providências cabíveis, no âmbito da legislação pertinente.(Redação dada pela Lei nº 10.202, de 20.2.2001)

Parágrafo único. Independentemente da comunicação prevista no caput deste artigo, o Conselho Administrativo de Defesa Econômica – Cade notificará a ANP do teor da decisão que aplicar sanção por infração da ordem econômica cometida por empresas ou pessoas físicas no exercício de atividades relacionadas com o abastecimento nacional de combustíveis, no prazo máximo de vinte e quatro horas após a publicação do respectivo acórdão, para que esta adote as providências legais de sua alçada. (Parágrafo único incluído pela Lei nº 10.202, de 20.2.2001)

SEÇÃO II
Da Estrutura Organizacional da Autarquia

Art. 11. A ANP será dirigida, em regime de colegiado, por uma Diretoria composta de um Diretor-Geral e quatro Diretores.

§1º Integrará a estrutura organizacional da ANP um Procurador-Geral.

§2º Os membros da Diretoria serão nomeados pelo Presidente da República, após aprovação dos respectivos nomes pelo Senado Federal, nos termos da alínea *f* do inciso III do art. 52 da Constituição Federal.

§3º Os membros da Diretoria cumprirão mandatos de quatro anos, não coincidentes, permitida a recondução, observado o disposto no art. 75 desta Lei.

Art. 12. (VETADO)

I – (VETADO)
II – (VETADO)
III – (VETADO)
Parágrafo único. (VETADO)
Art. 13. (Revogado pela Lei nº 9.986, de 18.7.2000)
Art. 14. Terminado o mandato, ou uma vez exonerado do cargo, o ex-Diretor da ANP ficará impedido, por um período de 12 (doze) meses, contado da data de sua exoneração, de prestar, direta ou indiretamente, qualquer tipo de serviço a empresa integrante das indústrias do petróleo e dos biocombustíveis ou de distribuição. (Redação dada pela Lei nº 12.490, de 2011)
§1º Durante o impedimento, o ex-Diretor que não tiver sido exonerado nos termos do art. 12 poderá continuar prestando serviço à ANP, ou a qualquer órgão da Administração Direta da União, mediante remuneração equivalente à do cargo de direção que exerceu.
§2º Incorre na prática de advocacia administrativa, sujeitando-se às penas da lei, o ex-Diretor que violar o impedimento previsto neste artigo.

SEÇÃO III
Das Receitas e do Acervo da Autarquia

Art. 15. Constituem receitas da ANP:
I – as dotações consignadas no Orçamento Geral da União, créditos especiais, transferências e repasses que lhe forem conferidos;
II – parcela das participações governamentais referidas nos incisos I e III do art. 45 desta Lei, de acordo com as necessidades operacionais da ANP, consignadas no orçamento aprovado;
III – os recursos provenientes de convênios, acordos ou contratos celebrados com entidades, organismos ou empresas, excetuados os referidos no inciso anterior;
IV – as doações, legados, subvenções e outros recursos que lhe forem destinados;
V – o produto dos emolumentos, taxas e multas previstos na legislação específica, os valores apurados na venda ou locação dos bens móveis e imóveis de sua propriedade, bem como os decorrentes da venda de dados e informações técnicas, inclusive para fins de licitação, ressalvados os referidos no §2º do art. 22 desta Lei.
Art. 16. Os recursos provenientes da participação governamental prevista no inciso IV do art. 45, nos termos do art. 51, destinar-se-ão ao financiamento das despesas da ANP para o exercício das atividades que lhe são conferidas nesta Lei.

SEÇÃO IV
Do Processo Decisório

Art. 17. O processo decisório da ANP obedecerá aos princípios da legalidade, impessoalidade, moralidade e publicidade.
Art. 18. As sessões deliberativas da Diretoria da ANP que se destinem a resolver pendências entre agentes econômicos e entre esses e consumidores e usuários de bens e serviços da indústria de petróleo, de gás natural ou de biocombustíveis serão públicas, permitida a sua gravação por meios eletrônicos e assegurado aos interessados o direito de delas obter transcrições. (Redação dada pela Lei nº 12.490, de 2011)
Art. 19. As iniciativas de projetos de lei ou de alteração de normas administrativas que impliquem afetação de direito dos agentes econômicos ou de consumidores e usuários de bens e serviços das indústrias de petróleo, de gás natural ou de biocombustíveis serão precedidas de audiência pública convocada e dirigida pela ANP. (Redação dada pela Lei nº 12.490, de 2011)
Art. 20. O regimento interno da ANP disporá sobre os procedimentos a serem adotados para a solução de conflitos entre agentes econômicos, e entre estes e usuários e consumidores, com ênfase na conciliação e no arbitramento.

CAPÍTULO V
Da Exploração e da Produção
SEÇÃO I
Das Normas Gerais

Art. 21. Todos os direitos de exploração e produção de petróleo, de gás natural e de outros hidrocarbonetos fluidos em território nacional, nele compreendidos a parte terrestre, o mar territorial, a plataforma continental e a zona econômica exclusiva, pertencem à União, cabendo sua administração à ANP, ressalvadas as competências de outros órgãos e entidades expressamente estabelecidas em lei. (Redação dada pela Lei nº 12.351, de 2010)

Art. 22. O acervo técnico constituído pelos dados e informações sobre as bacias sedimentares brasileiras é também considerado parte integrante dos recursos petrolíferos nacionais, cabendo à ANP sua coleta, manutenção e administração.

§1º A Petróleo Brasileiro S.A. – PETROBRÁS transferirá para a ANP as informações e dados de que dispuser sobre as bacias sedimentares brasileiras, assim como sobre as atividades de pesquisa, exploração e produção de petróleo ou gás natural, desenvolvidas em função da exclusividade do exercício do monopólio até a publicação desta Lei.

§2º A ANP estabelecerá critérios para remuneração à PETROBRÁS pelos dados e informações referidos no parágrafo anterior e que venham a ser utilizados pelas partes interessadas, com fiel observância ao disposto no art. 117 da Lei nº 6.404, de 15 de dezembro de 1976, com as alterações procedidas pela Lei nº 9.457, de 5 de maio de 1997.

§3º O Ministério de Minas e Energia terá acesso irrestrito e gratuito ao acervo a que se refere o caput deste artigo, com o objetivo de realizar estudos e planejamento setorial, mantido o sigilo a que esteja submetido, quando for o caso. (Incluído pela Lei nº 12.351, de 2010)

Art. 23. As atividades de exploração, desenvolvimento e produção de petróleo e de gás natural serão exercidas mediante contratos de concessão, precedidos de licitação, na forma estabelecida nesta Lei, ou sob o regime de partilha de produção nas áreas do pré-sal e nas áreas estratégicas, conforme legislação específica. (Redação dada pela Lei nº 12.351, de 2010)

§1º (Revogado pela Lei nº 12.351, de 2010)

§2º A ANP poderá outorgar diretamente ao titular de direito de lavra ou de autorização de pesquisa de depósito de carvão mineral concessão para o aproveitamento do gás metano que ocorra associado a esse depósito, dispensada a licitação prevista no caput deste artigo. (Incluído pela Lei nº 11.909, de 2009)

Art. 24. Os contratos de concessão deverão prever duas fases: a de exploração e a de produção.

§1º Incluem-se na fase de exploração as atividades de avaliação de eventual descoberta de petróleo ou gás natural, para determinação de sua comercialidade.

§2º A fase de produção incluirá também as atividades de desenvolvimento.

Art. 25. Somente poderão obter concessão para a exploração e produção de petróleo ou gás natural as empresas que atendam aos requisitos técnicos, econômicos e jurídicos estabelecidos pela ANP.

Art. 26. A concessão implica, para o concessionário, a obrigação de explorar, por sua conta e risco e, em caso de êxito, produzir petróleo ou gás natural em determinado bloco, conferindo-lhe a propriedade desses bens, após extraídos, com os encargos relativos ao pagamento dos tributos incidentes e das participações legais ou contratuais correspondentes.

§1º Em caso de êxito na exploração, o concessionário submeterá à aprovação da ANP os planos e projetos de desenvolvimento e produção.

§2º A ANP emitirá seu parecer sobre os planos e projetos referidos no parágrafo anterior no prazo máximo de cento e oitenta dias.

§3º Decorrido o prazo estipulado no parágrafo anterior sem que haja manifestação da ANP, os planos e projetos considerar-se-ão automaticamente aprovados.

Art. 27. (Revogado pela Lei nº 12.351, de 2010)

Art. 28. As concessões extinguir-se-ão:

I – pelo vencimento do prazo contratual;

II – por acordo entre as partes;

III – pelos motivos de rescisão previstos em contrato;

IV – ao término da fase de exploração, sem que tenha sido feita qualquer descoberta comercial, conforme definido no contrato;

V – no decorrer da fase de exploração, se o concessionário exercer a opção de desistência e de devolução das áreas em que, a seu critério, não se justifiquem investimentos em desenvolvimento.

§1º A devolução de áreas, assim como a reversão de bens, não implicará ônus de qualquer natureza para a União ou para a ANP, nem conferirá ao concessionário qualquer direito de indenização pelos serviços, poços, imóveis e bens reversíveis, os quais passarão à propriedade da União e à administração da ANP, na forma prevista no inciso VI do art. 43.

§2º Em qualquer caso de extinção da concessão, o concessionário fará, por sua conta exclusiva, a remoção dos equipamentos e bens que não sejam objeto de reversão, ficando obrigado a reparar ou indenizar os danos decorrentes de suas atividades e praticar os atos de recuperação ambiental determinados pelos órgãos competentes.

Art. 29. É permitida a transferência do contrato de concessão, preservando-se seu objeto e as condições contratuais, desde que o novo concessionário atenda aos requisitos técnicos, econômicos e jurídicos estabelecidos pela ANP, conforme o previsto no art. 25.

Parágrafo único. A transferência do contrato só poderá ocorrer mediante prévia e expressa autorização da ANP.

Art. 30. O contrato para exploração, desenvolvimento e produção de petróleo ou gás natural não se estende a nenhum outro recurso natural, ficando o concessionário obrigado a informar a sua descoberta, prontamente e em caráter exclusivo, à ANP.

SEÇÃO II
Das Normas Específicas para as Atividades em Curso

Art. 31. A PETROBRÁS submeterá à ANP, no prazo de três meses da publicação desta Lei, seu programa de exploração, desenvolvimento e produção, com informações e dados que propiciem:

I – o conhecimento das atividades de produção em cada campo, cuja demarcação poderá incluir uma área de segurança técnica;

II – o conhecimento das atividades de exploração e desenvolvimento, registrando, neste caso, os custos incorridos, os investimentos realizados e o cronograma dos investimentos a realizar, em cada bloco onde tenha definido prospectos.

Art. 32. A PETROBRÁS terá ratificados seus direitos sobre cada um dos campos que se encontrem em efetiva produção na data de início de vigência desta Lei.

Art. 33. Nos blocos em que, quando do início da vigência desta Lei, tenha a PETROBRÁS realizado descobertas comerciais ou promovido investimentos na exploração, poderá ela, observada sua capacidade de investir, inclusive por meio de financiamentos, prosseguir nos trabalhos de exploração e desenvolvimento pelo prazo de três anos e, nos casos de êxito, prosseguir nas atividades de produção.

Parágrafo único. Cabe à ANP, após a avaliação da capacitação financeira da PETROBRÁS e dos dados e informações de que trata o art. 31, aprovar os blocos em que os trabalhos referidos neste artigo terão continuidade.

Art. 34. Cumprido o disposto no art. 31 e dentro do prazo de um ano a partir da data de publicação desta Lei, a ANP celebrará com a PETROBRÁS, dispensada a licitação prevista no art. 23, contratos de concessão dos blocos que atendam às condições estipuladas nos arts. 32 e 33, definindo-se, em cada um desses contratos, as participações devidas, nos termos estabelecidos na Seção VI.

Parágrafo único. Os contratos de concessão referidos neste artigo serão regidos, no que couber, pelas normas gerais estabelecidas na Seção anterior e obedecerão ao disposto na Seção V deste Capítulo.

Art. 35. Os blocos não contemplados pelos contratos de concessão mencionados no artigo anterior e aqueles em que tenha havido insucesso nos trabalhos de exploração, ou não tenham sido ajustados com a ANP, dentro dos prazos estipulados, serão objeto de licitação pela ANP para a outorga de novos contratos de concessão, regidos pelas normas gerais estabelecidas na Seção anterior.

SEÇÃO III
Do Edital de Licitação

Art. 36. A licitação para outorga dos contratos de concessão referidos no art. 23 obedecerá ao disposto nesta Lei, na regulamentação a ser expedida pela ANP e no respectivo edital.

Art. 37. O edital da licitação será acompanhado da minuta básica do respectivo contrato e indicará, obrigatoriamente:

I – o bloco objeto da concessão, o prazo estimado para a duração da fase de exploração, os investimentos e programas exploratórios mínimos;

II – os requisitos exigidos dos concorrentes, nos termos do art. 25, e os critérios de pré-qualificação, quando este procedimento for adotado;

III – as participações governamentais mínimas, na forma do disposto no art. 45, e a participação dos superficiários prevista no art. 52;

IV – a relação de documentos exigidos e os critérios a serem seguidos para aferição da capacidade técnica, da idoneidade financeira e da regularidade jurídica dos interessados, bem como para o julgamento técnico e econômico-financeiro da proposta;

V – a expressa indicação de que caberá ao concessionário o pagamento das indenizações devidas por desapropriações ou servidões necessárias ao cumprimento do contrato;

VI – o prazo, local e horário em que serão fornecidos, aos interessados, os dados, estudos e demais elementos e informações necessários à elaboração das propostas, bem como o custo de sua aquisição.

Parágrafo único. O prazo de duração da fase de exploração, referido no inciso I deste artigo, será estimado pela ANP, em função do nível de informações disponíveis, das características e da localização de cada bloco.

Art. 38. Quando permitida a participação de empresas em consórcio, o edital conterá as seguintes exigências:

I – comprovação de compromisso, público ou particular, de constituição do consórcio, subscrito pelas consorciadas;

II – indicação da empresa líder, responsável pelo consórcio e pela condução das operações, sem prejuízo da responsabilidade solidária das demais consorciadas;

III – apresentação, por parte de cada uma das empresas consorciadas, dos documentos exigidos para efeito de avaliação da qualificação técnica e econômico-financeira do consórcio;

IV – proibição de participação de uma mesma empresa em outro consórcio, ou isoladamente, na licitação de um mesmo bloco;

V – outorga de concessão ao consórcio vencedor da licitação condicionada ao registro do instrumento constitutivo do consórcio, na forma do disposto no parágrafo único do art. 279 da Lei nº 6.404, de 15 de dezembro de 1976.

Art. 39. O edital conterá a exigência de que a empresa estrangeira que concorrer isoladamente ou em consórcio deverá apresentar, juntamente com sua proposta e em envelope separado:

I – prova de capacidade técnica, idoneidade financeira e regularidade jurídica e fiscal, nos termos da regulamentação a ser editada pela ANP;

II – inteiro teor dos atos constitutivos e prova de encontrar-se organizada e em funcionamento regular, conforme a lei de seu país;
III – designação de um representante legal junto à ANP, com poderes especiais para a prática de atos e assunção de responsabilidades relativamente à licitação e à proposta apresentada;
IV – compromisso de, caso vencedora, constituir empresa segundo as leis brasileiras, com sede e administração no Brasil.
Parágrafo único. A assinatura do contrato de concessão ficará condicionada ao efetivo cumprimento do compromisso assumido de acordo com o inciso IV deste artigo.

SEÇÃO IV
Do Julgamento da Licitação

Art. 40. O julgamento da licitação identificará a proposta mais vantajosa, segundo critérios objetivos, estabelecidos no instrumento convocatório, com fiel observância dos princípios da legalidade, impessoalidade, moralidade, publicidade e igualdade entre os concorrentes.

Art. 41. No julgamento da licitação, além de outros critérios que o edital expressamente estipular, serão levados em conta:
I – o programa geral de trabalho, as propostas para as atividades de exploração, os prazos, os volumes mínimos de investimentos e os cronogramas físico-financeiros;
II – as participações governamentais referidas no art. 45.

Art. 42. Em caso de empate, a licitação será decidida em favor da PETROBRÁS, quando esta concorrer não consorciada com outras empresas.

SEÇÃO V
Do Contrato de Concessão

Art. 43. O contrato de concessão deverá refletir fielmente as condições do edital e da proposta vencedora e terá como cláusulas essenciais:
I – a definição do bloco objeto da concessão;
II – o prazo de duração da fase de exploração e as condições para sua prorrogação;
III – o programa de trabalho e o volume do investimento previsto;
IV – as obrigações do concessionário quanto às participações, conforme o disposto na Seção VI;
V – a indicação das garantias a serem prestadas pelo concessionário quanto ao cumprimento do contrato, inclusive quanto à realização dos investimentos ajustados para cada fase;
VI – a especificação das regras sobre devolução e desocupação de áreas, inclusive retirada de equipamentos e instalações, e reversão de bens;
VII – os procedimentos para acompanhamento e fiscalização das atividades de exploração, desenvolvimento e produção, e para auditoria do contrato;
VIII – a obrigatoriedade de o concessionário fornecer à ANP relatórios, dados e informações relativos às atividades desenvolvidas;
IX – os procedimentos relacionados com a transferência do contrato, conforme o disposto no art. 29;
X – as regras sobre solução de controvérsias, relacionadas com o contrato e sua execução, inclusive a conciliação e a arbitragem internacional;
XI – os casos de rescisão e extinção do contrato;
XII – as penalidades aplicáveis na hipótese de descumprimento pelo concessionário das obrigações contratuais.
Parágrafo único. As condições contratuais para prorrogação do prazo de exploração, referidas no inciso II deste artigo, serão estabelecidas de modo a assegurar a devolução de um percentual do bloco, a critério da ANP, e o aumento do valor do pagamento pela ocupação da área, conforme disposto no parágrafo único do art. 51.

Art. 44. O contrato estabelecerá que o concessionário estará obrigado a:
I – adotar, em todas as suas operações, as medidas necessárias para a conservação dos reservatórios e de outros recursos naturais, para a segurança das pessoas e dos equipamentos e para a proteção do meio ambiente;
II – comunicar à ANP, imediatamente, a descoberta de qualquer jazida de petróleo, gás natural ou outros hidrocarbonetos ou de outros minerais;
III – realizar a avaliação da descoberta nos termos do programa submetido à ANP, apresentando relatório de comercialidade e declarando seu interesse no desenvolvimento do campo;
IV – submeter à ANP o plano de desenvolvimento de campo declarado comercial, contendo o cronograma e a estimativa de investimento;
V – responsabilizar-se civilmente pelos atos de seus prepostos e indenizar todos e quaisquer danos decorrentes das atividades de exploração, desenvolvimento e produção contratadas, devendo ressarcir à ANP ou à União os ônus que venham a suportar em conseqüência de eventuais demandas motivadas por atos de responsabilidade do concessionário;
VI – adotar as melhores práticas da indústria internacional do petróleo e obedecer às normas e procedimentos técnicos e científicos pertinentes, inclusive quanto às técnicas apropriadas de recuperação, objetivando a racionalização da produção e o controle do declínio das reservas.

SEÇÃO VI
Das Participações

Art. 45. O contrato de concessão disporá sobre as seguintes participações governamentais, previstas no edital de licitação:
I – bônus de assinatura;
II – *royalties*;
III – participação especial;
IV – pagamento pela ocupação ou retenção de área.
§1º As participações governamentais constantes dos incisos II e IV serão obrigatórias.
§2º As receitas provenientes das participações governamentais definidas no *caput*, alocadas para órgãos da administração pública federal, de acordo com o disposto nesta Lei, serão mantidas na Conta Única do Governo Federal, enquanto não forem destinadas para as respectivas programações.
§3º O superávit financeiro dos órgãos da administração pública federal referidos no parágrafo anterior, apurado em balanço de cada exercício financeiro, será transferido ao Tesouro Nacional.

Art. 46. O bônus de assinatura terá seu valor mínimo estabelecido no edital e corresponderá ao pagamento ofertado na proposta para obtenção da concessão, devendo ser pago no ato da assinatura do contrato.

Art. 47. Os *royalties* serão pagos mensalmente, em moeda nacional, a partir da data de início da produção comercial de cada campo, em montante correspondente a dez por cento da produção de petróleo ou gás natural.
§1º Tendo em conta os riscos geológicos, as expectativas de produção e outros fatores pertinentes, a ANP poderá prever, no edital de licitação correspondente, a redução do valor dos *royalties* estabelecido no *caput* deste artigo para um montante correspondente a, no mínimo, cinco por cento da produção.
§2º Os critérios para o cálculo do valor dos *royalties* serão estabelecidos por decreto do Presidente da República, em função dos preços de mercado do petróleo, gás natural ou condensado, das especificações do produto e da localização do campo.
§3º A queima de gás em *flares*, em prejuízo de sua comercialização, e a perda de produto ocorrida sob a responsabilidade do concessionário serão incluídas no volume total da produção a ser computada para cálculo dos *royalties* devidos.

§4º Os recursos provenientes dos pagamentos dos *royalties* serão distribuídos, nos termos do disposto nesta Lei, com base nos cálculos de valores devidos a cada beneficiário, fornecidos pela autoridade administrativa competente. (Incluído pela Lei nº 13.609, de 2018)

§5º No caso dos Estados e dos Municípios, os recursos de que trata o §4º deste artigo serão creditados em contas bancárias específicas de titularidade deles. (Incluído pela Lei nº 13.609, de 2018)

§6º Observado o disposto no §9º deste artigo, na hipótese de o Estado ou o Município ter celebrado operação de cessão ou transferência, parcial ou total, dos seus direitos sobre os *royalties* ou de antecipação, parcial ou total, das receitas decorrentes dos direitos sobre os *royalties*, os recursos de que trata o §4º deste artigo serão creditados pelo seu valor líquido, após as deduções de natureza legal, tributária e/ou contratual anteriormente incidentes, se houver, e desde que tais deduções tenham prioridade de pagamentos, diretamente pela União, em conta bancária específica de titularidade dos investidores, no Brasil ou no exterior, ou de entidade representativa dos interesses dos investidores que tenham contratado com o Estado ou o Município a respectiva operação de cessão ou transferência de direitos sobre os *royalties* ou de antecipação das receitas decorrentes dos direitos sobre os *royalties*. (Incluído pela Lei nº 13.609, de 2018)

§7º Na hipótese prevista no §6º deste artigo, a União não poderá alterar a conta bancária específica indicada para o pagamento dos direitos e receitas sobre os *royalties* sem a prévia e expressa autorização do beneficiário da operação. (Incluído pela Lei nº 13.609, de 2018)

§8º Eventual adesão do Estado ao Regime de Recuperação Fiscal previsto na Lei Complementar nº 159, de 19 de maio de 2017, não poderá afetar a transferência dos direitos e receitas sobre os *royalties* para a conta bancária específica de titularidade do investidor ou da entidade representativa dos interesses do investidor referida no §6º deste artigo, até o integral cumprimento da obrigação assumida. (Incluído pela Lei nº 13.609, de 2018)

§9º Para as operações já contratadas na data da promulgação desta Lei, poderão as partes, de comum acordo, ajustar a transferência do depósito dos recursos de que trata o §4º deste artigo diretamente para conta bancária específica do investidor ou da entidade representativa dos interesses do investidor para essa finalidade. (Incluído pela Lei nº 13.609, de 2018)

§10. (VETADO). (Incluído pela Lei nº 13.609, de 2018)

Art. 48. A parcela do valor dos royalties, previstos no contrato de concessão, que representar 5% (cinco por cento) da produção, correspondente ao montante mínimo referido no §1º do art. 47, será distribuída segundo os seguintes critérios: (Redação dada pela Lei nº 12.734, de 2012)

I – quando a lavra ocorrer em terra ou em lagos, rios, ilhas fluviais e lacustres: (Incluído pela Lei nº 12.734, de 2012)

a) 70% (setenta por cento) aos Estados onde ocorrer a produção; (Incluída pela Lei nº 12.734, de 2012)

b) 20% (vinte por cento) aos Municípios onde ocorrer a produção; e (Incluída pela Lei nº 12.734, de 2012)

c) 10% (dez por cento) aos Municípios que sejam afetados pelas operações de embarque e desembarque de petróleo, gás natural e outros hidrocarbonetos fluidos, na forma e critérios estabelecidos pela ANP; (Incluída pela Lei nº 12.734, de 2012)

II – quando a lavra ocorrer na plataforma continental, no mar territorial ou na zona econômica exclusiva: (Incluído pela Lei nº 12.734, de 2012)

a) 20% (vinte por cento) para os Estados confrontantes; (Incluída pela Lei nº 12.734, de 2012)

b) 17% (dezessete por cento) para os Municípios confrontantes e respectivas áreas geoeconômicas, conforme definido nos arts. 2º, 3º e 4º da Lei nº 7.525, de 22 de julho de 1986; (Incluída pela Lei nº 12.734, de 2012)

c) 3% (três por cento) para os Municípios que sejam afetados pelas operações de embarque e desembarque de petróleo, de gás natural e de outros hidrocarbonetos fluidos, na forma e critério estabelecidos pela ANP; (Incluída pela Lei nº 12.734, de 2012)

d) 20% (vinte por cento) para constituição de fundo especial, a ser distribuído entre Estados e o Distrito Federal, se for o caso, de acordo com os seguintes critérios: (Incluída pela Lei nº 12.734, de 2012)

1. os recursos serão distribuídos somente para os Estados e, se for o caso, o Distrito Federal, que não tenham recebido recursos em decorrência do disposto na alínea "a" dos incisos I e II do art. 42-B da Lei nº 12.351, de 22 de dezembro de 2010, na alínea "a" deste inciso e do inciso II do art. 49 desta Lei e no inciso II do §2º do art. 50 desta Lei; (Incluído pela Lei nº 12.734, de 2012)

2. o rateio dos recursos do fundo especial obedecerá às mesmas regras do rateio do Fundo de Participação dos Estados e do Distrito Federal (FPE), de que trata o art. 159 da Constituição; (Incluído pela Lei nº 12.734, de 2012)

3. o percentual que o FPE destina aos Estados e ao Distrito Federal, se for o caso, que serão excluídos do rateio dos recursos do fundo especial em decorrência do disposto no item 1 será redistribuído entre os demais Estados e o Distrito Federal, se for o caso, proporcionalmente às suas participações no FPE; (Incluído pela Lei nº 12.734, de 2012)

4. o Estado produtor ou confrontante, e o Distrito Federal, se for produtor, poderá optar por receber os recursos do fundo especial de que trata esta alínea, desde que não receba recursos em decorrência do disposto na alínea "a" dos incisos I e II do art. 42-B da Lei nº 12.351, de 22 de dezembro de 2010, na alínea "a" deste inciso e do inciso II do art. 49 desta Lei e no inciso II do §2º do art. 50 desta Lei; (Incluído pela Lei nº 12.734, de 2012)

5. os recursos que Estados produtores ou confrontantes, ou que o Distrito Federal, se for o caso, tenham deixado de arrecadar em função da opção prevista no item 4 serão adicionados aos recursos do fundo especial de que trata esta alínea; (Incluído pela Lei nº 12.734, de 2012)

e) 20% (vinte por cento) para constituição de fundo especial, a ser distribuído entre os Municípios de acordo com os seguintes critérios: (Incluída pela Lei nº 12.734, de 2012)

1. os recursos serão distribuídos somente para os Municípios que não tenham recebido recursos em decorrência do disposto nas alíneas "b" e "c" dos incisos I e II do art. 42-B da Lei nº 12.351, de 22 de dezembro de 2010, nas alíneas "b" e "c" deste inciso e do inciso II do art. 49 desta Lei e no inciso III do §2º do art. 50 desta Lei; (Incluído pela Lei nº 12.734, de 2012)

2. o rateio dos recursos do fundo especial obedecerá às mesmas regras do rateio do Fundo de Participação dos Municípios (FPM), de que trata o art. 159 da Constituição; (Incluído pela Lei nº 12.734, de 2012)

3. o percentual que o FPM destina aos Municípios que serão excluídos do rateio dos recursos do fundo especial em decorrência do disposto no item 1 será redistribuído entre Municípios proporcionalmente às suas participações no FPM; (Incluído pela Lei nº 12.734, de 2012)

4. o Município produtor ou confrontante poderá optar por receber os recursos do fundo especial de que trata esta alínea, desde que não receba recursos em decorrência do disposto nas alíneas "b" e "c" dos incisos I e II do art. 42-B da Lei nº 12.351, de 22 de dezembro de 2010, nas alíneas "b" e "c" deste inciso e do inciso II do art. 49 desta Lei e no inciso III do §2º do art. 50 desta Lei; (Incluído pela Lei nº 12.734, de 2012)

5. os recursos que Municípios produtores ou confrontantes tenham deixado de arrecadar em função da opção prevista no item 4 serão adicionados aos recursos do fundo especial de que trata esta alínea; (Incluído pela Lei nº 12.734, de 2012)

f) 20% (vinte por cento) para a União, a ser destinado ao Fundo Social, instituído por esta Lei, deduzidas as parcelas destinadas aos órgãos específicos da Administração Direta da União, nos termos do regulamento do Poder Executivo. (Incluída pela Lei nº 12.734, de 2012)

§1º A soma dos valores referentes aos royalties devidos aos Municípios nos termos das alíneas "b" e "c" dos incisos I e II do art. 42-B da Lei nº12.351, de 22 de dezembro de 2010, com os royalties devidos nos termos das alíneas "b" e "c" dos incisos I e II deste art. 48 e do art. 49 desta Lei, com a participação especial devida nos termos do inciso III do §2º do art. 50 desta Lei, ficarão limitados ao maior dos seguintes valores: (Incluído pela Lei nº 12.734, de 2012)
I – os valores que o Município recebeu a título de royalties e participação especial em 2011; (Incluído pela Lei nº 12.734, de 2012)
II – 2 (duas) vezes o valor per capita distribuído pelo FPM, calculado em nível nacional, multiplicado pela população do Município. (Incluído pela Lei nº 12.734, de 2012)
§2º A parcela dos royalties de que trata este artigo que contribuir para o que exceder o limite de pagamentos aos Municípios em decorrência do disposto no §1º será transferida para o fundo especial de que trata a alínea "e" do inciso II. (Incluído pela Lei nº 12.734, de 2012)
§3º Os pontos de entrega às concessionárias de gás natural produzido no País serão considerados instalações de embarque e desembarque, para fins de pagamento de royalties aos Municípios afetados por essas operações, em razão do disposto na alínea "c" dos incisos I e II. (Incluído pela Lei nº 12.734, de 2012)
§4º A opção dos Estados, Distrito Federal e Municípios de que trata o item 4 das alíneas "d" e "e" do inciso II poderá ser feita após conhecido o valor dos royalties e da participação especial a serem distribuídos, nos termos do regulamento. (Incluído pela Lei nº 12.734, de 2012)

Art. 49. A parcela do valor do *royalty* que exceder a cinco por cento da produção terá a seguinte distribuição: (Vide Lei nº 10.261, de 2001)
I – quando a lavra ocorrer em terra ou em lagos, rios, ilhas fluviais e lacustres:
a) cinquenta e dois inteiros e cinco décimos por cento aos Estados onde ocorrer a produção;
b) quinze por cento aos Municípios onde ocorrer a produção;
c) sete inteiros e cinco décimos por cento aos Municípios que sejam afetados pelas operações de embarque e desembarque de petróleo e gás natural, na forma e critério estabelecidos pela ANP;
d) 25% (vinte e cinco por cento) ao Ministério da Ciência e Tecnologia para financiar programas de amparo à pesquisa científica e ao desenvolvimento tecnológico aplicados à indústria do petróleo, do gás natural, dos biocombustíveis e à indústria petroquímica de primeira e segunda geração, bem como para programas de mesma natureza que tenham por finalidade a prevenção e a recuperação de danos causados ao meio ambiente por essas indústrias; (Redação dada pela Lei nº 11.921, de 2009) (Vide Decreto nº 7.403, de 2010)
II – quando a lavra ocorrer na plataforma continental:
a) vinte e dois inteiros e cinco décimos por cento aos Estados produtores confrontantes;
b) vinte e dois inteiros e cinco décimos por cento aos Municípios produtores confrontantes;
c) quinze por cento ao Ministério da Marinha, para atender aos encargos de fiscalização e proteção das áreas de produção; (Vide Decreto nº 7.403, de 2010)
d) sete inteiros e cinco décimos por cento aos Municípios que sejam afetados pelas operações de embarque e desembarque de petróleo e gás natural, na forma e critério estabelecidos pela ANP;
e) sete inteiros e cinco décimos por cento para constituição de um Fundo Especial, a ser distribuído entre todos os Estados, Territórios e Municípios;
f) 25% (vinte e cinco por cento) ao Ministério da Ciência e Tecnologia para financiar programas de amparo à pesquisa científica e ao desenvolvimento tecnológico aplicados à indústria do petróleo, do gás natural, dos biocombustíveis e à indústria petroquímica de primeira e segunda geração, bem como para programas de mesma natureza que tenham por finalidade a prevenção e a recuperação de danos causados ao meio ambiente por essas indústrias. (Redação dada pela Lei nº 11.921, de 2009) (Vide Decreto nº 7.403, de 2010)

§1º Do total de recursos destinados ao Ministério da Ciência e Tecnologia serão aplicados, no mínimo, 40% (quarenta por cento) em programas de fomento à capacitação e ao desenvolvimento científico e tecnológico das regiões Norte e Nordeste, incluindo as respectivas áreas de abrangência das Agências de Desenvolvimento Regional. (Redação dada pela Lei nº 11.540, de 2007)

§2º O Ministério da Ciência e Tecnologia administrará os programas de amparo à pesquisa científica e ao desenvolvimento tecnológico previstos no *caput* deste artigo, com o apoio técnico da ANP, no cumprimento do disposto no inciso X do art. 8º, e mediante convênios com as universidades e os centros de pesquisa do País, segundo normas a serem definidas em decreto do Presidente da República. (Vide Decreto nº 7.403, de 2010)

§3º Nas áreas localizadas no pré-sal contratadas sob o regime de concessão, a parcela dos royalties que cabe à administração direta da União será destinada integralmente ao fundo de natureza contábil e financeira, criado por lei específica, com a finalidade de constituir fonte de recursos para o desenvolvimento social e regional, na forma de programas e projetos nas áreas de combate à pobreza e de desenvolvimento da educação, da cultura, do esporte, da saúde pública, da ciência e tecnologia, do meio ambiente e de mitigação e adaptação às mudanças climáticas, vedada sua destinação aos órgãos específicos de que trata este artigo. (Incluído pela Lei nº 12.351, de 2010) (Vide Decreto nº 7.403, de 2010)

Art. 49-A. Os percentuais de distribuição a que se referem a alínea "b" do inciso II do art. 48 e a alínea "b" do inciso II do art. 49 serão reduzidos: (Incluído pela Lei nº 12.734, de 2012)

I – em 2 (dois) pontos percentuais em 2013 e em cada ano subsequente até 2018, quando alcançará 5% (cinco por cento); (Incluído pela Lei nº 12.734, de 2012)

II – em 1 (um) ponto percentual em 2019, quando alcançará o mínimo de 4% (quatro por cento). (Incluído pela Lei nº 12.734, de 2012)

Parágrafo único. A partir de 2019, o percentual de distribuição a que se refere este artigo será de 4% (quatro por cento). (Incluído pela Lei nº 12.734, de 2012)

Art. 49-B. Os percentuais de distribuição a que se referem a alínea "d" do inciso II do art. 48 e a alínea "d" do inciso II do art. 49 serão acrescidos: (Incluído pela Lei nº 12.734, de 2012)

I – em 1 (um) ponto percentual em 2013 e em cada ano subsequente até atingir 24% (vinte e quatro por cento) em 2016; (Incluído pela Lei nº 12.734, de 2012)

II – em 1,5 (um inteiro e cinco décimos) de ponto percentual em 2017, quando atingirá 25,5% (vinte e cinco inteiros e cinco décimos por cento); (Incluído pela Lei nº 12.734, de 2012)

III – em 1 (um) ponto percentual em 2018, quando atingirá 26,5% (vinte e seis inteiros e cinco décimos por cento); (Incluído pela Lei nº 12.734, de 2012)

IV – em 0,5 (cinco décimos) de ponto percentual em 2019, quando atingirá o máximo de 27% (vinte e sete por cento). (Incluído pela Lei nº 12.734, de 2012)

Parágrafo único. A partir de 2019, o percentual de distribuição a que se refere este artigo será de 27% (vinte e sete por cento). (Incluído pela Lei nº 12.734, de 2012)

Art. 49-C. Os percentuais de distribuição a que se referem a alínea "e" do inciso II do art. 48 e a alínea "e" do inciso II do art. 49 serão acrescidos: (Incluído pela Lei nº 12.734, de 2012)

I – em 1 (um) ponto percentual em 2013 e em cada ano subsequente até atingir 24% (vinte e quatro por cento) em 2016; (Incluído pela Lei nº 12.734, de 2012)

II – em 1,5 (um inteiro e cinco décimos) de ponto percentual em 2017, quando atingirá 25,5% (vinte e cinco inteiros e cinco décimos por cento); (Incluído pela Lei nº 12.734, de 2012)

III – em 1 (um) ponto percentual em 2018, quando atingirá 26,5% (vinte e seis inteiros e cinco décimos por cento); (Incluído pela Lei nº 12.734, de 2012)

IV – em 0,5 (cinco décimos) de ponto percentual em 2019, quando atingirá o máximo de 27% (vinte e sete por cento). (Incluído pela Lei nº 12.734, de 2012)

Parágrafo único. A partir de 2019, o percentual de distribuição a que se refere este artigo será de 27% (vinte e sete por cento). (Incluído pela Lei nº 12.734, de 2012)

Art. 50. O edital e o contrato estabelecerão que, nos casos de grande volume de produção, ou de grande rentabilidade, haverá o pagamento de uma participação especial, a ser regulamentada em decreto do Presidente da República. (Vide Lei nº 10.261, de 2001)
§1º A participação especial será aplicada sobre a receita bruta da produção, deduzidos os *royalties*, os investimentos na exploração, os custos operacionais, a depreciação e os tributos previstos na legislação em vigor.
§2º Os recursos da participação especial serão distribuídos na seguinte proporção:
I – 42% (quarenta e dois por cento) à União, a ser destinado ao Fundo Social, instituído pela Lei nº 12.351, de 2010, deduzidas as parcelas destinadas aos órgãos específicos da Administração Direta da União, nos termos do regulamento do Poder Executivo; (Redação dada pela Lei nº 12.734, de 2012)
II – 34% (trinta e quatro por cento) para o Estado onde ocorrer a produção em terra, ou confrontante com a plataforma continental onde se realizar a produção; (Redação dada pela Lei nº 12.734, de 2012
III – 5% (cinco por cento) para o Município onde ocorrer a produção em terra, ou confrontante com a plataforma continental onde se realizar a produção; (Redação dada pela Lei nº 12.734, de 2012
IV – 9,5% (nove inteiros e cinco décimos por cento) para constituição de fundo especial, a ser distribuído entre Estados e o Distrito Federal, se for o caso, de acordo com os seguintes critérios: (Redação dada pela Lei nº 12.734, de 2012
a) os recursos serão distribuídos somente para os Estados e, se for o caso, o Distrito Federal, que não tenham recebido recursos em decorrência do disposto na alínea "a" dos incisos I e II do art. 42-B da Lei nº 12.351, de 22 de dezembro de 2010, na alínea "a" do inciso II dos arts. 48 e 49 desta Lei e no inciso II do §2º deste artigo; (Incluída pela Lei nº 12.734, de 2012)
b) o rateio dos recursos do fundo especial obedecerá às mesmas regras do rateio do Fundo de Participação dos Estados e do Distrito Federal (FPE), de que trata o art. 159 da Constituição; (Incluída pela Lei nº 12.734, de 2012)
c) o percentual que o FPE destina aos Estados e ao Distrito Federal, se for o caso, que serão excluídos do rateio dos recursos do fundo especial em decorrência do disposto na alínea "a" será redistribuído entre os demais Estados e o Distrito Federal, se for o caso, proporcionalmente às suas participações no FPE; (Incluída pela Lei nº 12.734, de 2012)
d) o Estado produtor ou confrontante, e o Distrito Federal, se for produtor, poderá optar por receber os recursos do fundo especial de que trata este inciso, desde que não receba recursos em decorrência do disposto na alínea "a" dos incisos I e II do art. 42-B da Lei nº 12.351, de 22 de dezembro de 2010, na alínea "a" do inciso II dos arts. 48 e 49 desta Lei e no inciso II do §2º deste artigo; (Incluída pela Lei nº 12.734, de 2012)
e) os recursos que Estados produtores ou confrontantes, ou que o Distrito Federal, se for o caso, tenham deixado de arrecadar em função da opção prevista na alínea "d" serão adicionados aos recursos do fundo especial de que trata este inciso; (Incluída pela Lei nº 12.734, de 2012)
V – 9,5% (nove inteiros e cinco décimos por cento) para constituição de fundo especial, a ser distribuído entre os Municípios de acordo com os seguintes critérios: (Incluído pela Lei nº 12.734, de 2012)
a) os recursos serão distribuídos somente para os Municípios que não tenham recebido recursos em decorrência do disposto nas alíneas "b" e "c" dos incisos I e II do art. 42-B da Lei nº 12.351, de 22 de dezembro de 2010, nas alíneas "b" e "c" do inciso II dos arts. 48 e 49 desta Lei e no inciso III do §2º deste artigo; (Incluída pela Lei nº 12.734, de 2012)
b) o rateio dos recursos do fundo especial obedecerá às mesmas regras do rateio do FPM, de que trata o art. 159 da Constituição; (Incluída pela Lei nº 12.734, de 2012)
c) o percentual que o FPM destina aos Municípios que serão excluídos do rateio dos recursos do fundo especial em decorrência do disposto na alínea "a" será redistribuído

entre Municípios proporcionalmente às suas participações no FPM; (Incluída pela Lei nº 12.734, de 2012)

d) o Município produtor ou confrontante poderá optar por receber os recursos do fundo especial de que trata este inciso, desde que não receba recursos em decorrência do disposto nas alíneas "b" e "c" dos incisos I e II do art. 42-B da Lei nº 12.351, de 22 de dezembro de 2010, nas alíneas "b" e "c" do inciso II dos arts. 48 e 49 desta Lei e no inciso III do §2º deste artigo; (Incluída pela Lei nº 12.734, de 2012)

e) os recursos que Municípios produtores ou confrontantes tenham deixado de arrecadar em função da opção prevista na alínea "d" serão adicionados aos recursos do fundo especial de que trata este inciso. (Incluída pela Lei nº 12.734, de 2012)

§3º (Revogado pela Lei nº 12.114, de 2009)

§4º (Revogado). (Redação dada pela Lei nº 12.734, de 2012)

§5º A soma dos valores referentes aos royalties devidos aos Municípios nos termos das alíneas "b" e "c" dos incisos I e II do art. 42-B da Lei nº12.351, de 22 de dezembro de 2010, com os royalties devidos nos termos das alíneas "b" e "c" dos incisos I e II dos arts. 48 e 49 desta Lei, com a participação especial devida nos termos do inciso III do §2º deste artigo, ficarão limitados ao maior dos seguintes valores: (Incluído pela Lei nº 12.734, de 2012)

I – os valores que o Município recebeu a título de royalties e participação especial em 2011; (Incluído pela Lei nº 12.734, de 2012)

II – 2 (duas) vezes o valor per capita distribuído pelo FPM, calculado em nível nacional, multiplicado pela população do Município. (Incluído pela Lei nº 12.734, de 2012)

§6º A opção dos Estados, Distrito Federal e Municípios de que trata a alínea "d" dos incisos IV e V poderá ser feita após conhecido o valor dos royalties e da participação especial a serem distribuídos, nos termos do regulamento. (Incluído pela Lei nº 12.734, de 2012)

§7º A parcela da participação especial que contribuir para o valor que exceder o limite de pagamentos aos Municípios em decorrência do disposto no §5º será transferida para o fundo especial de que trata o inciso V do §2º. (Incluído pela Lei nº 12.734, de 2012)

§8º Os recursos provenientes dos pagamentos da participação especial serão distribuídos, nos termos do disposto nesta Lei, com base nos cálculos de valores devidos a cada beneficiário, fornecidos pela autoridade administrativa competente. (Incluído pela Lei nº 13.609, de 2018)

§9º No caso dos Estados e dos Municípios, os recursos de que trata o §8º deste artigo serão creditados em contas bancárias específicas de titularidade deles. (Incluído pela Lei nº 13.609, de 2018)

§10. Observado o disposto no §13 deste artigo, na hipótese de o Estado ou o Município ter celebrado operação de cessão ou transferência, parcial ou total, dos seus direitos sobre a participação especial ou de antecipação, parcial ou total, das receitas decorrentes dos direitos sobre a participação especial, os recursos de que trata o §8º deste artigo serão creditados pelo seu valor líquido, após as deduções de natureza legal, tributária e/ou contratual anteriormente incidentes, se houver, e desde que tais deduções tenham prioridade de pagamentos, diretamente pela União, em conta bancária específica de titularidade dos investidores, no Brasil ou no exterior, ou de entidade representativa dos interesses dos investidores que tenham contratado com o Estado ou o Município a respectiva operação de cessão ou transferência de direitos sobre a participação especial ou de antecipação das receitas decorrentes dos direitos sobre a participação especial. (Incluído pela Lei nº 13.609, de 2018)

§11. Na hipótese prevista no §10 deste artigo, a União não poderá alterar a conta bancária específica indicada para o pagamento dos direitos e receitas sobre a participação especial sem a prévia e expressa autorização do beneficiário da operação. (Incluído pela Lei nº 13.609, de 2018)

§12. Eventual adesão do Estado ao Regime de Recuperação Fiscal previsto na Lei Complementar nº 159, de 19 de maio de 2017, não poderá afetar a transferência dos direitos e receitas sobre a participação especial para a conta bancária específica de titularidade do investidor ou da entidade representativa dos interesses do investidor referida no §10 deste artigo, até o integral cumprimento da obrigação assumida. (Incluído pela Lei nº 13.609, de 2018)

§13. Para as operações já contratadas na data da promulgação desta Lei, poderão as partes, de comum acordo, ajustar a transferência do depósito dos recursos de que trata o §8º deste artigo diretamente para conta bancária específica do investidor ou da entidade representativa dos interesses do investidor para essa finalidade. (Incluído pela Lei nº 13.609, de 2018)

§14. (VETADO). (Incluído pela Lei nº 13.609, de 2018)

Art. 50-A. O percentual de distribuição a que se refere o inciso I do §2º do art. 50 será acrescido de 1 (um) ponto percentual em 2013 e em cada ano subsequente até 2016, quando alcançará 46% (quarenta e seis por cento). (Incluído pela Lei nº 12.734, de 2012)

Parágrafo único. A partir de 2016, o percentual de distribuição a que se refere este artigo será de 46% (quarenta e seis por cento). (Incluído pela Lei nº 12.734, de 2012)

Art. 50-B. O percentual de distribuição a que se refere o inciso II do §2º do art. 50 será reduzido: (Incluído pela Lei nº 12.734, de 2012)

I – em 2 (dois) pontos percentuais em 2013, quando atingirá 32% (trinta e dois por cento); (Incluído pela Lei nº 12.734, de 2012)

II – em 3 (três) pontos percentuais em 2014 e em 2015, quando atingirá 26% (vinte e seis por cento); (Incluído pela Lei nº 12.734, de 2012)

III – em 2 (dois) pontos percentuais em 2016, em 2017 e em 2018, quando atingirá 20% (vinte por cento). (Incluído pela Lei nº 12.734, de 2012)

Parágrafo único. A partir de 2018, o percentual de distribuição a que se refere este artigo será de 20% (vinte por cento). (Incluído pela Lei nº 12.734, de 2012)

Art. 50-C. O percentual de distribuição a que se refere o inciso III do §2º do art. 50 será reduzido em 1 (um) ponto percentual em 2019, quando atingirá 4% (quatro por cento). (Incluído pela Lei nº 12.734, de 2012)

Parágrafo único. A partir de 2019, o percentual de distribuição a que se refere este artigo será de 4% (quatro por cento). (Incluído pela Lei nº 12.734, de 2012)

Art. 50-D. O percentual de distribuição a que se refere o inciso IV do §2º do art. 50 será acrescido: (Incluído pela Lei nº 12.734, de 2012)

I – em 0,5 (cinco décimos) de ponto percentual em 2013, quando atingirá 10% (dez por cento); (Incluído pela Lei nº 12.734, de 2012)

II – em 1 (um) ponto percentual em 2014 e em 2015, quando atingirá 12% (doze por cento); (Incluído pela Lei nº 12.734, de 2012)

III – em 0,5 (cinco décimos) de ponto percentual em 2016, quando atingirá 12,5% (doze inteiros e cinco décimos por cento); (Incluído pela Lei nº 12.734, de 2012)

IV – em 1 (um) ponto percentual em 2017 e em 2018, quando atingirá 14,5% (quatorze inteiros e cinco décimos por cento); (Incluído pela Lei nº 12.734, de 2012)

V – em 0,5 (cinco décimos) de ponto percentual em 2019, quando atingirá 15% (quinze por cento). (Incluído pela Lei nº 12.734, de 2012)

Parágrafo único. A partir de 2019, o percentual de distribuição a que se refere este artigo será de 15% (quinze por cento). (Incluído pela Lei nº 12.734, de 2012)

Art. 50-E. O percentual de distribuição a que se refere o inciso V do §2º do art. 50 será acrescido: (Incluído pela Lei nº 12.734, de 2012)

I – em 0,5 (cinco décimos) de ponto percentual em 2013, quando atingirá 10% (dez por cento); (Incluído pela Lei nº 12.734, de 2012)

II – em 1 (um) ponto percentual em 2014 e em 2015, quando atingirá 12% (doze por cento); (Incluído pela Lei nº 12.734, de 2012)

III – em 0,5 (cinco décimos) de ponto percentual em 2016, quando atingirá 12,5% (doze inteiros e cinco décimos por cento); (Incluído pela Lei nº 12.734, de 2012)

IV – em 1 (um) ponto percentual em 2017 e em 2018, quando atingirá 14,5% (quatorze inteiros e cinco décimos por cento); (Incluído pela Lei nº 12.734, de 2012)

V – em 0,5 (cinco décimos) de ponto percentual em 2019, quando atingirá 15% (quinze por cento). (Incluído pela Lei nº 12.734, de 2012)

Parágrafo único. A partir de 2019, o percentual de distribuição a que se refere este artigo será de 15% (quinze por cento). (Incluído pela Lei nº 12.734, de 2012)

Art. 50-F. O fundo especial de que tratam as alíneas "d" e "e" do inciso II dos arts. 48 e 49 desta Lei, os incisos IV e V do §2º do art. 50 desta Lei e as alíneas "d" e "e" dos incisos I e II do art. 42-B da Lei nº 12.351, de 22 de dezembro de 2010, serão destinados para as áreas de educação, infraestrutura social e econômica, saúde, segurança, programas de erradicação da miséria e da pobreza, cultura, esporte, pesquisa, ciência e tecnologia, defesa civil, meio ambiente, em programas voltados para a mitigação e adaptação às mudanças climáticas, e para o tratamento e reinserção social dos dependentes químicos. (Incluído pela Lei nº 12.734, de 2012)

Parágrafo único. Os Estados, o Distrito Federal e os Municípios encaminharão anexo contendo a previsão para a aplicação dos recursos de que trata o caput junto aos respectivos planos plurianuais, leis de diretrizes orçamentárias e leis do orçamento anual. (Incluído pela Lei nº 12.734, de 2012)

Art. 51. O edital e o contrato disporão sobre o pagamento pela ocupação ou retenção de área, a ser feito anualmente, fixado por quilômetro quadrado ou fração da superfície do bloco, na forma da regulamentação por decreto do Presidente da República.

Parágrafo único. O valor do pagamento pela ocupação ou retenção de área será aumentado em percentual a ser estabelecido pela ANP, sempre que houver prorrogação do prazo de exploração.

Art. 52. Constará também do contrato de concessão de bloco localizado em terra cláusula que determine o pagamento aos proprietários da terra de participação equivalente, em moeda corrente, a um percentual variável entre cinco décimos por cento e um por cento da produção de petróleo ou gás natural, a critério da ANP.

Parágrafo único. A participação a que se refere este artigo será distribuída na proporção da produção realizada nas propriedades regularmente demarcadas na superfície do bloco.

CAPÍTULO VI
Do Refino de Petróleo e do Processamento de Gás Natural

Art. 53. Qualquer empresa ou consórcio de empresas que atenda ao disposto no art. 5º desta Lei poderá submeter à ANP proposta, acompanhada do respectivo projeto, para a construção e operação de refinarias e de unidades de processamento, de liquefação, de regaseificação e de estocagem de gás natural, bem como para a ampliação de sua capacidade. (Redação dada pela Lei nº 11.909, de 2009)

§1º A ANP estabelecerá os requisitos técnicos, econômicos e jurídicos a serem atendidos pelos proponentes e as exigências de projeto quanto à proteção ambiental e à segurança industrial e das populações.

§2º Atendido o disposto no parágrafo anterior, a ANP outorgará a autorização a que se refere o inciso V do art. 8º, definindo seu objeto e sua titularidade.

Art. 54. É permitida a transferência da titularidade da autorização, mediante prévia e expressa aprovação pela ANP, desde que o novo titular satisfaça os requisitos expressos no §1º do artigo anterior.

Art. 55. No prazo de cento e oitenta dias, a partir da publicação desta Lei, a ANP expedirá as autorizações relativas às refinarias e unidades de processamento de gás natural existentes, ratificando sua titularidade e seus direitos.

Parágrafo único. As autorizações referidas neste artigo obedecerão ao disposto no art. 53 quanto à transferência da titularidade e à ampliação da capacidade das instalações.

CAPÍTULO VII
Do Transporte de Petróleo, seus Derivados e Gás Natural

Art. 56. Observadas as disposições das leis pertinentes, qualquer empresa ou consórcio de empresas que atender ao disposto no art. 5º poderá receber autorização da ANP para construir instalações e efetuar qualquer modalidade de transporte de petróleo, seus derivados e gás natural, seja para suprimento interno ou para importação e exportação.
Parágrafo único. A ANP baixará normas sobre a habilitação dos interessados e as condições para a autorização e para transferência de sua titularidade, observado o atendimento aos requisitos de proteção ambiental e segurança de tráfego.

Art. 57. No prazo de cento e oitenta dias, a partir da publicação desta Lei, a PETROBRÁS e as demais empresas proprietárias de equipamentos e instalações de transporte marítimo e dutoviário receberão da ANP as respectivas autorizações, ratificando sua titularidade e seus direitos.
Parágrafo único. As autorizações referidas neste artigo observarão as normas de que trata o parágrafo único do artigo anterior, quanto à transferência da titularidade e à ampliação da capacidade das instalações.

Art. 58. Será facultado a qualquer interessado o uso dos dutos de transporte e dos terminais marítimos existentes ou a serem construídos, com exceção dos terminais de Gás Natural Liquefeito – GNL, mediante remuneração adequada ao titular das instalações ou da capacidade de movimentação de gás natural, nos termos da lei e da regulamentação aplicável. (Redação dada pela Lei nº 11.909, de 2009)
§1º A ANP fixará o valor e a forma de pagamento da remuneração adequada com base em critérios previamente estabelecidos, caso não haja acordo entre as partes, cabendo-lhe também verificar se o valor acordado é compatível com o mercado. (Redação dada pela Lei nº 11.909, de 2009)
§2º A ANP regulará a preferência a ser atribuída ao proprietário das instalações para movimentação de seus próprios produtos, com o objetivo de promover a máxima utilização da capacidade de transporte pelos meios disponíveis.
§3º A receita referida no caput deste artigo deverá ser destinada a quem efetivamente estiver suportando o custo da capacidade de movimentação de gás natural. (Incuído pela Lei nº 11.909, de 2009)

Art. 59. Os dutos de transferência serão reclassificados pela ANP como dutos de transporte, caso haja comprovado interesse de terceiros em sua utilização, observadas as disposições aplicáveis deste Capítulo.

CAPÍTULO VIII
Da Importação e Exportação de Petróleo, seus Derivados e Gás Natural

Art. 60. Qualquer empresa ou consórcio de empresas que atender ao disposto no art. 5º poderá receber autorização da ANP para exercer a atividade de importação e exportação de petróleo e seus derivados, de gás natural e condensado.
Parágrafo único. O exercício da atividade referida no *caput* deste artigo observará as diretrizes do CNPE, em particular as relacionadas com o cumprimento das disposições do art. 4º da Lei nº 8.176, de 8 de fevereiro de 1991, e obedecerá às demais normas legais e regulamentares pertinentes.

CAPÍTULO IX
Da Petrobrás

Art. 61. A Petróleo Brasileiro S.A. – PETROBRÁS é uma sociedade de economia mista vinculada ao Ministério de Minas e Energia, que tem como objeto a pesquisa, a lavra, a refinação, o processamento, o comércio e o transporte de petróleo proveniente de poço, de xisto ou de outras rochas, de seus derivados, de gás natural e de outros hidrocarbonetos fluidos, bem como quaisquer outras atividades correlatas ou afins, conforme definidas em lei.

§1º As atividades econômicas referidas neste artigo serão desenvolvidas pela PETROBRÁS em caráter de livre competição com outras empresas, em função das condições de mercado, observados o período de transição previsto no Capítulo X e os demais princípios e diretrizes desta Lei.
§2º A PETROBRÁS, diretamente ou por intermédio de suas subsidiárias, associada ou não a terceiros, poderá exercer, fora do território nacional, qualquer uma das atividades integrantes de seu objeto social.
Art. 62. A União manterá o controle acionário da PETROBRÁS com a propriedade e posse de, no mínimo, cinquenta por cento das ações, mais uma ação, do capital votante.
Parágrafo único. O capital social da PETROBRÁS é dividido em ações ordinárias, com direito de voto, e ações preferenciais, estas sempre sem direito de voto, todas escriturais, na forma do art. 34 da Lei nº 6.404, de 15 de dezembro de 1976.
Art. 63. A PETROBRÁS e suas subsidiárias ficam autorizadas a formar consórcios com empresas nacionais ou estrangeiras, na condição ou não de empresa líder, objetivando expandir atividades, reunir tecnologias e ampliar investimentos aplicados à indústria do petróleo.
Art. 64. Para o estrito cumprimento de atividades de seu objeto social que integrem a indústria do petróleo, fica a PETROBRÁS autorizada a constituir subsidiárias, as quais poderão associar-se, majoritária ou minoritariamente, a outras empresas.
Art. 65. A PETROBRÁS deverá constituir uma subsidiária com atribuições específicas de operar e construir seus dutos, terminais marítimos e embarcações para transporte de petróleo, seus derivados e gás natural, ficando facultado a essa subsidiária associar-se, majoritária ou minoritariamente, a outras empresas.
Art. 66. A PETROBRÁS poderá transferir para seus ativos os títulos e valores recebidos por qualquer subsidiária, em decorrência do Programa Nacional de Desestatização, mediante apropriada redução de sua participação no capital social da subsidiária.
Art. 67. (Revogado pela Lei nº 13.303, de 2016)
Art. 68. (Revogado pela Lei nº 13.303, de 2016)

CAPÍTULO IX-A
(Incluído pela Lei nº 12.490, de 2011)

DAS ATIVIDADES ECONÔMICAS DA INDÚSTRIA DE BIOCOMBUSTÍVEIS

Art. 68-A. Qualquer empresa ou consórcio de empresas constituídas sob as leis brasileiras com sede e administração no País poderá obter autorização da ANP para exercer as atividades econômicas da indústria de biocombustíveis. (Incluído pela Lei nº 12.490, de 2011)
§1º As autorizações de que trata o caput destinam-se a permitir a exploração das atividades econômicas em regime de livre iniciativa e ampla competição, nos termos da legislação específica. (Incluído pela Lei nº 12.490, de 2011)
§2º A autorização de que trata o caput deverá considerar a comprovação, pelo interessado, quando couber, das condições previstas em lei específica, além das seguintes, conforme regulamento: (Incluído pela Lei nº 12.490, de 2011)
I – estar constituído sob as leis brasileiras, com sede e administração no País; (Incluído pela Lei nº 12.490, de 2011)
II – estar regular perante as fazendas federal, estadual e municipal, bem como demonstrar a regularidade de débitos perante a ANP; (Incluído pela Lei nº 12.490, de 2011)
III – apresentar projeto básico da instalação, em conformidade às normas e aos padrões técnicos aplicáveis à atividade; (Incluído pela Lei nº 12.490, de 2011)
IV – apresentar licença ambiental, ou outro documento que a substitua, expedida pelo órgão competente; (Incluído pela Lei nº 12.490, de 2011)
V – apresentar projeto de controle de segurança das instalações aprovado pelo órgão competente; (Incluído pela Lei nº 12.490, de 2011)

VI – deter capital social integralizado ou apresentar outras fontes de financiamento suficientes para o empreendimento. (Incluído pela Lei nº 12.490, de 2011)
§3º A autorização somente poderá ser revogada por solicitação do próprio interessado ou por ocasião do cometimento de infrações passíveis de punição com essa penalidade, conforme previsto em lei. (Incluído pela Lei nº 12.490, de 2011)
§4º A autorização será concedida pela ANP em prazo a ser estabelecido na forma do regulamento. (Incluído pela Lei nº 12.490, de 2011)
§5º A autorização não poderá ser concedida se o interessado, nos 5 (cinco) anos anteriores ao requerimento, teve autorização para o exercício de atividade regulamentada pela ANP revogada em decorrência de penalidade aplicada em processo administrativo com decisão definitiva. (Incluído pela Lei nº 12.490, de 2011)
§6º Não são sujeitas à regulação e à autorização pela ANP a produção agrícola, a fabricação de produtos agropecuários e alimentícios e a geração de energia elétrica, quando vinculadas ao estabelecimento no qual se construirá, modificará ou ampliará a unidade de produção de biocombustível. (Incluído pela Lei nº 12.490, de 2011)
§7º A unidade produtora de biocombustível que produzir ou comercializar energia elétrica deverá atender às normas e aos regulamentos estabelecidos pelos órgãos e entidades competentes. (Incluído pela Lei nº 12.490, de 2011)
§8º São condicionadas à prévia aprovação da ANP a modificação ou a ampliação de instalação relativas ao exercício das atividades econômicas da indústria de biocombustíveis. (Incluído pela Lei nº 12.490, de 2011)

CAPÍTULO X
Das Disposições Finais e Transitórias
SEÇÃO I
Do Período de Transição

Art. 69. Durante o período de transição, que se estenderá, no máximo, até o dia 31 de dezembro de 2001, os reajustes e revisões de preços dos derivados básicos de petróleo e gás natural, praticados pelas unidades produtoras ou de processamento, serão efetuados segundo diretrizes e parâmetros específicos estabelecidos, em ato conjunto, pelos Ministros de Estado da Fazenda e de Minas e Energia." (Redação dada pela Lei nº 9.990, 21.7.2000) (Vide Lei 10.453, de .13.52002)
Art. 70. Durante o período de transição de que trata o artigo anterior, a ANP estabelecerá critérios para as importações de petróleo, de seus derivados básicos e de gás natural, os quais serão compatíveis com os critérios de desregulamentação de preços, previstos no mesmo dispositivo.
Art. 71. Os derivados de petróleo e de gás natural que constituam insumos para a indústria petroquímica terão o tratamento previsto nos arts. 69 e 70, objetivando a competitividade do setor.
Art. 72. Durante o prazo de cinco anos, contados a partir da data de publicação desta Lei, a União assegurará, por intermédio da ANP, às refinarias em funcionamento no país, excluídas do monopólio da União, nos termos do art. 45 do Ato das Disposições Constitucionais Transitórias, condições operacionais e econômicas, com base nos critérios em vigor, aplicados à atividade de refino.
Parágrafo único. No prazo previsto neste artigo, observar-se-á o seguinte:
I – (VETADO)
II – as refinarias se obrigam a submeter à ANP plano de investimentos na modernização tecnológica e na expansão da produtividade de seus respectivos parques de refino, com vistas ao aumento da produção e à conseqüente redução dos subsídios a elas concedidos;
III – a ANP avaliará, periodicamente, o grau de competitividade das refinarias, a realização dos respectivos planos de investimentos e a conseqüente redução dos subsídios relativos a cada uma delas.

Art. 73. Até que se esgote o período de transição estabelecido no art. 69, os preços dos derivados básicos praticados pela PETROBRÁS poderão considerar os encargos resultantes de subsídios incidentes sobre as atividades por ela desenvolvidas.
Parágrafo único. À exceção das condições e do prazo estabelecidos no artigo anterior, qualquer subsídio incidente sobre os preços dos derivados básicos, transcorrido o período previsto no art. 69, deverá ser proposto pelo CNPE e submetido à aprovação do Congresso Nacional, nos termos do inciso II do art. 2º.
Art. 74. A Secretaria do Tesouro Nacional procederá ao levantamento completo de todos os créditos e débitos recíprocos da União e da PETROBRÁS, abrangendo as diversas contas de obrigações recíprocas e subsídios, inclusive os relativos à denominada Conta Petróleo, Derivados e Álcool, instituída pela Lei nº 4.452, de 5 de novembro de 1964, e legislação complementar, ressarcindo-se o Tesouro dos dividendos mínimos legais que tiverem sido pagos a menos desde a promulgação da Lei nº 6.404, de 15 de dezembro de 1976. (Vide Lei nº 10.742, de 6.10.2003)
Parágrafo único. Até que se esgote o período de transição, o saldo credor desse encontro de contas deverá ser liquidado pela parte devedora, ficando facultado à União, caso seja a devedora, liquidá-lo em títulos do Tesouro Nacional.

SEÇÃO II
Das Disposições Finais

Art. 75. Na composição da primeira Diretoria da ANP, visando implementar a transição para o sistema de mandatos não coincidentes, o Diretor-Geral e dois Diretores serão nomeados pelo Presidente da República, por indicação do Ministro de Estado de Minas e Energia, respectivamente com mandatos de três, dois e um ano, e dois Diretores serão nomeados conforme o disposto nos §§2º e 3º do art. 11.
Art. 76. A ANP poderá contratar especialistas para a execução de trabalhos nas áreas técnica, econômica e jurídica, por projetos ou prazos limitados, com dispensa de licitação nos casos previstos na legislação aplicável.
Parágrafo único. (Revogado pela Lei 10.871, de 2004)
Art. 77. O Poder Executivo promoverá a instalação do CNPE e implantará a ANP, mediante a aprovação de sua estrutura regimental, em até cento e vinte dias, contados a partir da data de publicação desta Lei.
§1º A estrutura regimental da ANP incluirá os cargos em comissão e funções gratificadas existentes no DNC.
§2º (VETADO)
§3º Enquanto não implantada a ANP, as competências a ela atribuídas por esta Lei serão exercidas pelo Ministro de Estado de Minas e Energia.
Art. 78. Implantada a ANP, ficará extinto o DNC.
Parágrafo único. Serão transferidos para a ANP o acervo técnico-patrimonial, as obrigações, os direitos e as receitas do DNC.
Art. 79. Fica o Poder Executivo autorizado a remanejar, transferir ou utilizar os saldos orçamentários do Ministério de Minas e Energia, para atender às despesas de estruturação e manutenção da ANP, utilizando como recursos as dotações orçamentárias destinadas às atividades finalísticas e administrativas, observados os mesmos subprojetos, subatividades e grupos de despesa previstos na Lei Orçamentária em vigor.
Art. 80. As disposições desta Lei não afetam direitos anteriores de terceiros, adquiridos mediante contratos celebrados com a PETROBRÁS, em conformidade com as leis em vigor, e não invalidam os atos praticados pela PETROBRÁS e suas subsidiárias, de acordo com seus estatutos, os quais serão ajustados, no que couber, a esta Lei.
Art. 81. Não se incluem nas regras desta Lei os equipamentos e instalações destinados a execução de serviços locais de distribuição de gás canalizado, a que se refere o §2º do art. 25 da Constituição Federal.
Art. 82. Esta Lei entra em vigor na data de sua publicação.

Art. 83. Revogam-se as disposições em contrário, inclusive a Lei nº 2.004, de 3 de outubro de 1953.

Brasília, 6 de agosto de 1997; 176º da Independência e 109º da República.

FERNANDO HENRIQUE CARDOSO
Iris Rezende
Raimundo Brito
Luiz Carlos Bresser Pereira

Lei nº 10.847, de 15 de março de 2004

Autoriza a criação da Empresa de Pesquisa Energética – EPE e dá outras providências.

O PRESIDENTE DA REPÚBLICA Faço saber que o Congresso Nacional decreta e eu sanciono a seguinte Lei:

Art. 1º Fica o Poder Executivo autorizado a criar empresa pública, na forma definida no inciso II do art. 5º do Decreto-Lei nº 200, de 25 de fevereiro de 1967, e no art. 5º do Decreto-Lei nº 900, de 29 de setembro de 1969, denominada Empresa de Pesquisa Energética – EPE, vinculada ao Ministério de Minas e Energia.

Art. 2º A Empresa de Pesquisa Energética – EPE tem por finalidade prestar serviços na área de estudos e pesquisas destinadas a subsidiar o planejamento do setor energético, tais como energia elétrica, petróleo e gás natural e seus derivados, carvão mineral, fontes energéticas renováveis e eficiência energética, dentre outras.

Parágrafo único. A EPE terá sede e foro na Capital Federal e escritório central no Rio de Janeiro e prazo indeterminado, podendo estabelecer escritórios ou dependências em outras unidades da Federação.

Art. 3º A União integralizará o capital social da EPE e promoverá a constituição inicial de seu patrimônio por meio de capitalização.

Parágrafo único. A integralização poderá se dar por meio de incorporação de bens móveis ou imóveis.

Art. 4º Compete à EPE:

I – realizar estudos e projeções da matriz energética brasileira;
II – elaborar e publicar o balanço energético nacional;
III – identificar e quantificar os potenciais de recursos energéticos;
IV – dar suporte e participar das articulações relativas ao aproveitamento energético de rios compartilhados com países limítrofes;
V – realizar estudos para a determinação dos aproveitamentos ótimos dos potenciais hidráulicos;
VI – obter a licença prévia ambiental e a declaração de disponibilidade hídrica necessárias às licitações envolvendo empreendimentos de geração hidrelétrica e de transmissão de energia elétrica, selecionados pela EPE;
VII – elaborar estudos necessários para o desenvolvimento dos planos de expansão da geração e transmissão de energia elétrica de curto, médio e longo prazos;
VIII – promover estudos para dar suporte ao gerenciamento da relação reserva e produção de hidrocarbonetos no Brasil, visando à auto-suficiência sustentável;
IX – promover estudos de mercado visando definir cenários de demanda e oferta de petróleo, seus derivados e produtos petroquímicos;
X – desenvolver estudos de impacto social, viabilidade técnico-econômica e socioambiental para os empreendimentos de energia elétrica e de fontes renováveis;
XI – efetuar o acompanhamento da execução de projetos e estudos de viabilidade realizados por agentes interessados e devidamente autorizados;
XII – elaborar estudos relativos ao plano diretor para o desenvolvimento da indústria de gás natural no Brasil;
XIII – desenvolver estudos para avaliar e incrementar a utilização de energia proveniente de fontes renováveis;
XIV – dar suporte e participar nas articulações visando à integração energética com outros países;
XV – promover estudos e produzir informações para subsidiar planos e programas de desenvolvimento energético ambientalmente sustentável, inclusive, de eficiência energética;
XVI – promover planos de metas voltadas para a utilização racional e conservação de energia, podendo estabelecer parcerias de cooperação para este fim;

XVII – promover estudos voltados para programas de apoio para a modernização e capacitação da indústria nacional, visando maximizar a participação desta no esforço de fornecimento dos bens e equipamentos necessários para a expansão do setor energético; e
XVIII – desenvolver estudos para incrementar a utilização de carvão mineral nacional.
XIX – elaborar e publicar estudos de inventário do potencial de energia elétrica, proveniente de fontes alternativas, aplicando-se também a essas fontes o disposto no art. 28 da Lei nº 9.427, de 26 de dezembro de 1996. (Incluído pela Lei nº 11.943, de 2009)
Parágrafo único. Os estudos e pesquisas desenvolvidos pela EPE subsidiarão a formulação, o planejamento e a implementação de ações do Ministério de Minas e Energia, no âmbito da política energética nacional.

Art. 5º Constituem recursos da EPE:
I – rendas ou emolumentos provenientes de serviços prestados a pessoas jurídicas de direito público ou privado;
II – ressarcimento, nos termos da legislação pertinente, dos custos incorridos no desenvolvimento de estudos de inventário hidroelétrico de bacia hidrográfica, de viabilidade técnico-econômica de aproveitamentos hidroelétricos e de impacto ambiental, bem como nos processos para obtenção de licença prévia;
III – produto da venda de publicações, material técnico, dados e informações, inclusive para fins de licitação pública, de emolumentos administrativos e de taxas de inscrição em concurso público;
IV – recursos provenientes de acordos e convênios que realizar com entidades nacionais e internacionais, públicas ou privadas;
V – rendimentos de aplicações financeiras que realizar;
VI – doações, legados, subvenções e outros recursos que lhe forem destinados por pessoas físicas ou jurídicas de direito público ou privado; e
VII – rendas provenientes de outras fontes.

Art. 6º É dispensada de licitação a contratação da EPE por órgãos ou entidades da administração pública com vistas na realização de atividades integrantes de seu objeto.

Art. 7º Ato do Poder Executivo aprovará o estatuto da EPE.

Art. 8º A EPE será administrada por um Conselho de Administração, com funções deliberativas, e por uma Diretoria Executiva, e na sua composição contará ainda com um Conselho Fiscal e um Conselho Consultivo.

Art. 9º O Conselho de Administração será constituído:
I – de 1 (um) Presidente, indicado pelo Ministro de Estado de Minas e Energia;
II – do Presidente da Diretoria Executiva;
III – de 1 (um) Conselheiro, indicado pelo Ministro de Estado do Planejamento, Orçamento e Gestão; e
IV – de 3 (três) Conselheiros, indicados conforme regulamento.
§1º O Conselho de Administração reunir-se-á, ordinariamente, a cada mês e, extraordinariamente, sempre que convocado pelo seu Presidente ou por 2/3 (dois terços) dos seus membros.
§2º As decisões do Conselho de Administração serão tomadas por maioria simples, cabendo ao Presidente o voto de qualidade, em caso de empate.
§3º O quorum de deliberação é o de maioria absoluta de seus membros.

Art. 10. A Diretoria Executiva será constituída de 1 (um) Presidente e de 4 (quatro) Diretores.
Parágrafo único. O Presidente e os Diretores são responsáveis pelos atos praticados em desconformidade com a lei, com o estatuto da empresa e com as diretrizes institucionais emanadas do Conselho de Administração.

Art. 11. A EPE terá um Conselho Fiscal constituído de 3 (três) membros, e respectivos suplentes, com mandato de 4 (quatro) anos, permitidas reconduções.
§1º O Conselho Fiscal deve se reunir, ordinariamente, a cada 2 (dois) meses e sempre que convocado pelo Conselho de Administração.

§2º As decisões do Conselho Fiscal serão tomadas por maioria simples, cabendo ao Presidente o voto de qualidade, em caso de empate.

§3º As reuniões do Conselho Fiscal só terão caráter deliberativo se contarem com a presença do Presidente e de pelo menos 1 (um) membro.

Art. 12. O Conselho Consultivo da EPE é composto por:

I – 5 (cinco) representantes do Fórum de Secretários de Estado para Assuntos de Energia, sendo 1 (um) de cada região geográfica do país;

II – 2 (dois) representantes dos geradores de energia elétrica, sendo 1 (um) de geração hidroelétrica e outro de geração termoelétrica;

III – representante dos transmissores de energia elétrica;

IV – representante dos distribuidores de energia elétrica;

V – representante das empresas distribuidoras de combustível;

VI – representante das empresas distribuidoras de gás;

VII – representante dos produtores de petróleo;

VIII – representante dos produtores de carvão mineral nacional;

IX – representante do setor sucroalcooleiro;

X – representante dos empreendedores de fontes alternativas de energia;

XI – 4 (quatro) representantes dos consumidores de energia, sendo 1 (um) representante da indústria, 1 (um) representante do comércio, 1 (um) representante do setor rural e 1 (um) representante dos consumidores residenciais; e

XII – representante da comunidade científica com especialização na área energética.

Parágrafo único. O Conselho Consultivo reunir-se-á, ordinariamente, a cada 6 (seis) meses e, extraordinariamente, sempre que convocado pelo seu Presidente ou por 2/3 (dois terços) de seus membros.

Art. 13. As competências do Conselho de Administração, da Diretoria Executiva, do Conselho Fiscal e do Conselho Consultivo da EPE, bem como as hipóteses de destituição e substituição de seus respectivos integrantes, serão estabelecidas em regulamento próprio.

Art. 14. O regime jurídico do pessoal da EPE será o da Consolidação das Leis do Trabalho e respectiva legislação complementar.

Art. 15. A contratação de pessoal efetivo da EPE far-se-á por meio de concurso público de provas ou de provas e títulos, observadas as normas específicas editadas pelo Conselho de Administração.

§1º Para fins de implantação, fica a EPE equiparada às pessoas jurídicas referidas no art. 1º da Lei nº 8.745, de 9 de dezembro de 1993, com vistas na contratação de pessoal técnico e administrativo por tempo determinado.

§2º Considera-se como necessidade temporária de excepcional interesse público, para os efeitos da Lei nº 8.745, de 9 de dezembro de 1993, a contratação de pessoal técnico e administrativo por tempo determinado, imprescindível ao funcionamento inicial da EPE.

§3º As contratações a que se refere o §1º observarão o disposto no caput do art. 3º, no art. 6º, no inciso II do art. 7º e nos arts. 9º e 12 da Lei nº8.745, de 9 de dezembro de 1993, e não poderão exceder o prazo de 36 (trinta e seis) meses, a contar da data da instalação da EPE.

§4º É autorizada a EPE a estabelecer convênios de cooperação técnica com entidades da administração direta e indireta, destinados a viabilizar as atividades técnicas e administrativas indispensáveis ao seu funcionamento.

Art. 16. Fica autorizada a EPE a patrocinar entidade fechada de previdência privada nos termos da legislação vigente.

Art. 17. Esta Lei entra em vigor na data de sua publicação.

Brasília, 15 de março de 2004; 183º da Independência e 116º da República.

LUIZ INÁCIO LULA DA SILVA
Dilma Vana Rousseff
Guido Mantega

Lei nº 12.276, de 30 de junho de 2010

Autoriza a União a ceder onerosamente à Petróleo Brasileiro S.A. – PETROBRAS o exercício das atividades de pesquisa e lavra de petróleo, de gás natural e de outros hidrocarbonetos fluidos de que trata o inciso I do art. 177 da Constituição Federal, e dá outras providências.

O PRESIDENTE DA REPÚBLICA Faço saber que o Congresso Nacional decreta e eu sanciono a seguinte Lei:

Art. 1º Fica a União autorizada a ceder onerosamente à Petróleo Brasileiro S.A. – PETROBRAS, dispensada a licitação, o exercício das atividades de pesquisa e lavra de petróleo, de gás natural e de outros hidrocarbonetos fluidos de que trata o inciso I do art. 177 da Constituição Federal, em áreas não concedidas localizadas no pré-sal.

§1º A Petrobras terá a titularidade do petróleo, gás natural e outros hidrocarbonetos fluidos produzidos nos termos do contrato que formalizar a cessão definida no caput.

§2º A cessão de que trata o caput deverá produzir efeitos até que a Petrobras extraia o número de barris equivalentes de petróleo definido em respectivo contrato de cessão, não podendo tal número exceder a 5.000.000.000 (cinco bilhões) de barris equivalentes de petróleo.

§3º O pagamento devido pela Petrobras pela cessão de que trata o caput deverá ser efetivado prioritariamente em títulos da dívida pública mobiliária federal, precificados a valor de mercado, ressalvada a parcela de que trata o §4º.

§4º (VETADO).

§5º As condições para pagamento em títulos da dívida pública mobiliária federal serão fixadas em ato do Ministro de Estado da Fazenda.

§6º A cessão de que trata o caput é intransferível.

Art. 2º O contrato que formalizará a cessão de que trata o art. 1º deverá conter, entre outras, cláusulas que estabeleçam:

I – a identificação e a delimitação geográfica das respectivas áreas;

II – os respectivos volumes de barris equivalentes de petróleo, observado o limite de que trata o §2º do art. 1º;

III – valores mínimos, e metas de elevação ao longo do período de execução do contrato, do índice de nacionalização dos bens produzidos e dos serviços prestados para execução das atividades de pesquisa e lavra referidas no caput do art. 1º;

IV – o valor e as condições do pagamento de que tratam os §§3º e 4º do art. 1º; e

V – as condições para a realização de sua revisão, considerando-se, entre outras variáveis, os preços de mercado e a especificação do produto da lavra.

Parágrafo único. O contrato e sua revisão deverão ser submetidos à prévia apreciação do Conselho Nacional de Política Energética – CNPE.

Art. 3º Os volumes de barris equivalentes de petróleo de que tratam os §§2º e 4º do art. 1º, bem como os seus respectivos valores econômicos, serão determinados a partir de laudos técnicos elaborados por entidades certificadoras, observadas as melhores práticas da indústria do petróleo.

Parágrafo único. Caberá à Agência Nacional de Petróleo, Gás Natural e Biocombustíveis – ANP obter o laudo técnico de avaliação das áreas que subsidiará a União nas negociações com a Petrobras sobre os valores e volumes referidos no caput.

Art. 4º O exercício das atividades de pesquisa e lavra de petróleo, de gás natural e de outros hidrocarbonetos fluidos de que trata esta Lei será realizado pela Petrobras, por sua exclusiva conta e risco.

Parágrafo único. A ocorrência de acidentes ou de eventos da natureza que afetem a produção de petróleo, gás natural e outros hidrocarbonetos fluidos nas áreas de exploração estabelecidas no respectivo contrato de cessão não deverá ser considerada na definição do valor do contrato, ou na sua revisão.

Art. 5º Serão devidos royalties sobre o produto da lavra de que trata esta Lei nos termos do art. 47 da Lei nº 9.478, de 6 de agosto de 1997.

§1º A parcela do valor dos royalties que representar 5% (cinco por cento) da produção será distribuída segundo os critérios estipulados pela Lei nº 7.990, de 28 de dezembro de 1989.

§2º A parcela do valor dos royalties que exceder a 5% (cinco por cento) da produção será distribuída nos termos do inciso II do art. 49 da Lei nº 9.478, de 6 de agosto de 1997.

Art. 6º Aplicam-se às atividades de pesquisa e lavra de que trata esta Lei os regimes aduaneiros especiais e os incentivos fiscais aplicáveis à indústria do petróleo no Brasil.

Art. 7º Caberá à ANP regular e fiscalizar as atividades a serem realizadas pela Petrobras com base nesta Lei, aplicando-se, no que couber, o disposto na Lei no 9.478, de 6 de agosto de 1997.

Parágrafo único. A regulação e a fiscalização de que trata o caput abrangerão ainda os termos dos acordos de individualização da produção a serem assinados entre a Petrobras e os concessionários de blocos localizados na área do pré-sal.

Art. 8º A autorização de que trata o art. 1º é válida pelo prazo de 12 (doze) meses, contado da data de publicação desta Lei.

Art. 9º Fica a União autorizada a subscrever ações do capital social da Petrobras e a integralizá-las com títulos da dívida pública mobiliária federal.

Parágrafo único. Fica a União autorizada, a critério do Ministro de Estado da Fazenda, a emitir os títulos de que trata o caput, precificados a valor de mercado e sob a forma de colocação direta.

Art. 10. Sem prejuízo de outros objetivos, o Fundo Mútuo de Privatização de que trata o inciso XII do art. 20 da Lei nº 8.036, de 11 de maio de 1990, poderá subscrever ações, em aumento de capital social de sociedades controladas pela União, nas quais o referido fundo detenha participação acionária na data de publicação desta Lei.

§1º Cada cotista não poderá utilizar direitos de subscrição que excedam àqueles correspondentes às quotas que possui.

§2º Os cotistas dos Fundos Mútuos de Privatização que sejam detentores de ações de emissão da Petróleo Brasileiro S.A. – PETROBRAS poderão solicitar a transferência dos recursos de sua conta no FGTS, até o limite de 30% (trinta por cento), para os referidos fundos, com a finalidade de permitir o exercício do direito de preferência, por tais fundos, de subscrever ações decorrentes do aumento de capital da Petróleo Brasileira S.A. – PETROBRAS.

§3º A transferência das contas vinculadas do FGTS para os Fundos Mútuos de Privatização observará a regulamentação expedida pelo agente operador do FGTS.

§4º No caso de opção pela utilização de recursos advindos da conta vinculada no FGTS, aplica-se o disposto nos §§8º, 9º e 14 do art. 20 da Lei nº 8.036, de 11 maio de 1990.

Art. 11. (VETADO).

Art. 12. O Ministério da Fazenda encaminhará anualmente ao Congresso Nacional relatório sobre as operações decorrentes da aplicação da presente Lei.

Art. 13. Esta Lei entra em vigor na data de sua publicação.

Brasília, 30 de junho de 2010; 189º da Independência e 122º da República.

LUIZ INÁCIO LULA DA SILVA
Guido Mantega

Lei nº 12.304, de 2 de agosto de 2010

Autoriza o Poder Executivo a criar a empresa pública denominada Empresa Brasileira de Administração de Petróleo e Gás Natural S.A. – Pré-Sal Petróleo S.A. (PPSA) e dá outras providências.

O PRESIDENTE DA REPÚBLICA Faço saber que o Congresso Nacional decreta e eu sanciono a seguinte Lei:

Art. 1º É o Poder Executivo autorizado a criar empresa pública, sob a forma de sociedade anônima, denominada Empresa Brasileira de Administração de Petróleo e Gás Natural S.A. – Pré-Sal Petróleo S.A. (PPSA), vinculada ao Ministério de Minas e Energia, com prazo de duração indeterminado.

Parágrafo único. A PPSA terá sede e foro em Brasília e escritório central no Rio de Janeiro.

Art. 2º A PPSA terá por objeto a gestão dos contratos de partilha de produção celebrados pelo Ministério de Minas e Energia e a gestão dos contratos para a comercialização de petróleo, de gás natural e de outros hidrocarbonetos fluidos da União.

Parágrafo único. A PPSA não será responsável pela execução, direta ou indireta, das atividades de exploração, desenvolvimento e produção de petróleo, de gás natural e de outros hidrocarbonetos fluidos. (Redação dada pela Lei nº 13.679, de 2018).

Art. 3º A PPSA sujeitar-se-á ao regime jurídico próprio das empresas privadas, inclusive quanto aos direitos e obrigações civis, comerciais, trabalhistas e tributários.

Art. 4º Compete à PPSA:

I – praticar todos os atos necessários à gestão dos contratos de partilha de produção celebrados pelo Ministério de Minas e Energia, especialmente:

a) representar a União nos consórcios formados para a execução dos contratos de partilha de produção;

b) defender os interesses da União nos comitês operacionais;

c) avaliar, técnica e economicamente, planos de exploração, de avaliação, de desenvolvimento e de produção de petróleo, de gás natural e de outros hidrocarbonetos fluidos, bem como fazer cumprir as exigências contratuais referentes ao conteúdo local;

d) monitorar e auditar a execução de projetos de exploração, avaliação, desenvolvimento e produção de petróleo, de gás natural e de outros hidrocarbonetos fluidos;

e) monitorar e auditar os custos e investimentos relacionados aos contratos de partilha de produção; e

f) fornecer à Agência Nacional do Petróleo, Gás Natural e Biocombustíveis (ANP) as informações necessárias às suas funções regulatórias;

II – praticar todos os atos necessários à gestão dos contratos para a comercialização de petróleo, de gás natural e de outros hidrocarbonetos fluidos da União, especialmente:

a) celebrar os contratos, representando a União, com agentes comercializadores ou comercializar diretamente petróleo, gás natural e outros hidrocarbonetos fluidos da União, preferencialmente por leilão; (Redação dada pela Lei nº 13.679, de 2018)

b) cumprir e fazer com que os agentes comercializadores cumpram a política de comercialização de petróleo e de gás natural da União; (Redação dada pela Lei nº 13.679, de 2018)

c) monitorar e auditar operações, custos e preços de venda de petróleo, de gás natural e de outros hidrocarbonetos fluidos praticados pelo agente comercializador; e (Redação dada pela Lei nº 13.679, de 2018)

d) celebrar contratos, representando a União, para refino e beneficiamento de petróleo, de gás natural e de outros hidrocarbonetos fluidos da União. (Incluído pela Lei nº 13.679, de 2018)

III – analisar dados sísmicos fornecidos pela ANP e pelos contratados sob o regime de partilha de produção;

IV – representar a União nos procedimentos de individualização da produção e nos acordos decorrentes, nos casos em que as jazidas da área do pré-sal e das áreas estratégicas se estendam por áreas não concedidas ou não contratadas sob o regime de partilha de produção; e

V – exercer outras atividades necessárias ao cumprimento de seu objeto social, conforme definido no seu estatuto.

§1º No exercício das competências previstas no inciso I do caput deste artigo, a PPSA deverá observar as melhores práticas da indústria do petróleo. (Incluído pela Lei nº 13.679, de 2018)

§2º A receita a que se refere o inciso III do caput do art. 49 da Lei nº 12.351, de 22 de dezembro de 2010, será considerada: (Incluído pela Lei nº 13.679, de 2018)

I – após a dedução dos tributos e dos gastos diretamente relacionados à operação de comercialização, caso seja proveniente da comercialização direta pela PPSA; ou (Incluído pela Lei nº 13.679, de 2018)

II – após a dedução dos tributos, dos gastos diretamente relacionados à operação de comercialização e da remuneração do agente comercializador, caso seja proveniente da comercialização a partir de contratos com agentes comercializadores. (Incluído pela Lei nº 13.679, de 2018)

§3º Os gastos diretamente relacionados à comercialização deverão ser previstos: (Incluído pela Lei nº 13.679, de 2018)

I – em contrato firmado entre a PPSA e o agente comercializador; (Incluído pela Lei nº 13.679, de 2018)

II – em contrato firmado entre a PPSA e o comprador; e (Incluído pela Lei nº 13.679, de 2018)

III – no edital de licitação. (Incluído pela Lei nº 13.679, de 2018)

§4º Não serão incluídos nas despesas de comercialização a remuneração e os gastos incorridos pela PPSA na execução de suas atividades, tais como despesas de custeio e investimento e o pagamento de tributos incidentes sobre o objeto de sua atividade. (Incluído pela Lei nº 13.679, de 2018)

§5º A remuneração do agente comercializador será calculada na forma prevista no contrato de que tratam as alíneas a e d do inciso II do caput deste artigo, observadas as diretrizes do Conselho Nacional de Política Energética (CNPE) consubstanciadas na política de comercialização de petróleo e de gás natural da União. (Incluído pela Lei nº 13.679, de 2018)

§6º A comercialização pela PPSA utilizará a política estabelecida pelo CNPE e o preço de referência fixado pela ANP. (Incluído pela Lei nº 13.679, de 2018)

§7º Nos acordos de individualização da produção de que trata o inciso IV do caput deste artigo, os gastos incorridos pelo titular de direitos da área adjacente na exploração e na produção do quinhão de hidrocarbonetos a que faz jus a União terão o tratamento dado ao custo em óleo a que se referem os incisos I e II do *caput* do art. 2º da Lei nº 12.351, de 22 de dezembro de 2010. (Incluído pela Lei nº 13.679, de 2018)

§8º O CNPE poderá fixar diretrizes para o cumprimento do disposto na alínea c do inciso II do *caput* deste artigo. (Incluído pela Lei nº 13.679, de 2018)

Art. 5º É dispensada a licitação para a contratação da PPSA pela administração pública para realizar atividades relacionadas ao seu objeto.

Art. 6º A PPSA terá seu capital social representado por ações ordinárias nominativas, integralmente sob a propriedade da União.

Parágrafo único. A integralização do capital social será realizada com recursos oriundos de dotações consignadas no orçamento da União, bem como pela incorporação de qualquer espécie de bens suscetíveis de avaliação em dinheiro.

Art. 7º Constituem recursos da PPSA:

I – remuneração pela gestão dos contratos de partilha de produção, inclusive a parcela que lhe for destinada do bônus de assinatura relativo aos contratos; (Redação dada pela Lei nº 13.679, de 2018)

II – remuneração pela gestão dos contratos que celebrar com os agentes comercializadores e pela celebração dos contratos de venda direta de petróleo e de gás natural da União; (Redação dada pela Lei nº 13.679, de 2018)

III – recursos provenientes de acordos e convênios que realizar com entidades nacionais e internacionais;

IV – rendimentos de aplicações financeiras que realizar;

V – alienação de bens patrimoniais;

VI – doações, legados, subvenções e outros recursos que lhe forem destinados por pessoas físicas ou jurídicas de direito público ou privado; e

VII – rendas provenientes de outras fontes.

Parágrafo único. A remuneração da PPSA pela gestão dos contratos de partilha de produção será estipulada em função das fases de cada contrato e das dimensões dos blocos e campos, entre outros critérios, observados os princípios da eficiência e da economicidade.

Art. 8º Ato do Poder Executivo aprovará o estatuto da PPSA.

Parágrafo único. O estatuto fixará o número máximo de empregados e o de funções e cargos de livre provimento.

Art. 9º A PPSA será dirigida por um Conselho de Administração e uma Diretoria Executiva.

Art. 10. O Conselho de Administração, cujos membros serão nomeados pelo Presidente da República, será constituído:

I – por 1 (um) conselheiro indicado pelo Ministério de Minas e Energia, que o presidirá;

II – por 1 (um) conselheiro indicado pelo Ministério da Fazenda;

III – por 1 (um) conselheiro indicado pelo Ministério do Planejamento, Orçamento e Gestão;

IV – por 1 (um) conselheiro indicado pela Casa Civil da Presidência da República; e

V – pelo diretor-presidente da PPSA.

§1º Os conselheiros terão um período de gestão de 4 (quatro) anos, admitida 1 (uma) recondução.

§2º O funcionamento e as atribuições do Conselho de Administração serão definidos no estatuto.

Art. 11. Os membros da Diretoria Executiva serão nomeados pelo Presidente da República, por indicação do Ministério de Minas e Energia.

§1º Os membros da Diretoria Executiva deverão ter reputação ilibada e comprovada experiência em assuntos compatíveis com o cargo.

§2º O funcionamento e as atribuições da Diretoria Executiva, bem como o número de diretores e o respectivo prazo de gestão, serão definidos no estatuto.

§3º As decisões colegiadas da Diretoria Executiva serão tomadas pela maioria absoluta de seus membros, presentes, no mínimo, 3/5 (três quintos) deles.

§4º Os membros da Diretoria Executiva, depois de deixarem seus cargos, ficarão impedidos, por um período de 4 (quatro) meses, de prestar, direta ou indiretamente, qualquer tipo de serviço a empresa integrante da indústria do petróleo, gás natural, biocombustíveis ou de distribuição e comercialização, em operação no País.

§5º Durante o período previsto no §4º, os ex-membros da Diretoria Executiva receberão remuneração idêntica à dos cargos por eles anteriormente ocupados.

§6º A violação ao impedimento previsto neste artigo caracteriza prática de advocacia administrativa, sujeita às penas previstas em lei.

Art. 12. A PPSA terá um Conselho Fiscal, cujos membros serão eleitos pela Assembleia Geral, constituído por:

I – 2 (dois) conselheiros titulares, e respectivos suplentes, indicados pelo Ministério de Minas e Energia; e
II – 1 (um) conselheiro titular, e respectivo suplente, indicado pelo Ministério da Fazenda.
§1º Os conselheiros terão um período de gestão de 4 (quatro) anos, admitida 1 (uma) recondução.
§2º O funcionamento e as atribuições do Conselho Fiscal serão definidos no estatuto, que deverá prever expressamente a contratação de auditores independentes para realização de auditoria anual e das demonstrações contábeis da empresa pública criada por esta Lei.
Art. 13. O regime de pessoal da PPSA será o da Consolidação das Leis do Trabalho (CLT), aprovada pelo Decreto-Lei nº 5.452, de 1º de maio de 1943, condicionada a contratação à prévia aprovação em concurso público de provas ou de provas e títulos, observadas as normas específicas editadas pela Diretoria Executiva.
Parágrafo único. Nos concursos referidos no caput, a PPSA poderá exigir, como critério de seleção, títulos acadêmicos e experiência profissional mínima, não superior a 10 (dez) anos, na área na qual o candidato pretende desempenhar suas atividades.
Art. 14. É a PPSA, para fins de implantação, equiparada às pessoas jurídicas referidas no art. 1º da Lei nº 8.745, de 9 de dezembro de 1993, para contratar pessoal técnico e administrativo por tempo determinado.
§1º Considera-se como necessidade temporária de excepcional interesse público, para os efeitos da Lei nº 8.745, de 1993, a contratação de pessoal técnico e administrativo, por tempo determinado, imprescindível ao funcionamento inicial da PPSA.
§2º As contratações a que se refere o §1º observarão o disposto no caput do art. 3º, no art. 6º, no inciso II do art. 7º e nos arts. 9º e 12 da Lei nº 8.745, de 1993, e não poderão exceder o prazo de 48 (quarenta e oito) meses, a contar da data de instalação da PPSA.
§3º Nas contratações de que trata o caput, a PPSA especificará, no edital de contratação, o tempo mínimo, como critério de seleção, títulos acadêmicos e experiência profissional na área na qual o candidato pretenda desempenhar suas atividades.
Art. 15. Sem prejuízo do disposto no art. 14 e observados os requisitos e as condições previstos na legislação trabalhista, a PPSA poderá efetuar contratação de pessoal por tempo determinado, cujos instrumentos terão a duração máxima de 2 (dois) anos, mediante processo seletivo simplificado.
§1º A contratação por tempo determinado somente será admitida nos casos:
I – de serviço cuja natureza ou transitoriedade justifique a predeterminação do prazo; e
II – de atividades empresariais de caráter transitório.
§2º O contrato de trabalho por prazo determinado poderá ser prorrogado apenas 1 (uma) vez e desde que a soma dos 2 (dois) períodos não ultrapasse 2 (dois) anos.
§3º O processo seletivo referido no caput deverá ser estabelecido no regimento interno da PPSA, conterá critérios objetivos e estará sujeito, em qualquer caso, a ampla divulgação.
§4º O pessoal contratado nos termos deste artigo não poderá:
I – receber atribuições, funções ou encargos não previstos no respectivo contrato;
II – ser nomeado ou designado, ainda que a título precário ou em substituição, para o exercício de cargo em comissão ou função de confiança; e
III – ser novamente contratado pela PPSA, com fundamento neste artigo, antes de decorridos 6 (seis) meses do encerramento de seu contrato anterior.
§5º A inobservância do disposto neste artigo importará na resolução do contrato, nos casos dos incisos I e II do §4º, ou na sua nulidade, nos demais casos, sem prejuízo da responsabilidade dos administradores.
Art. 16. É a PPSA autorizada a patrocinar entidade fechada de previdência complementar, nos termos da legislação vigente.
Parágrafo único. O patrocínio de que trata o caput poderá ser feito mediante adesão a entidade fechada de previdência privada já existente.
Art. 17. A PPSA sujeitar-se-á à supervisão do Ministério de Minas e Energia e à fiscalização da Controladoria-Geral da União e do Tribunal de Contas da União.

Art. 18. Ao fim de cada exercício social, a PPSA deverá disponibilizar, na rede mundial de computadores, as demonstrações financeiras referidas no art. 176 da Lei nº 6.404, de 15 de dezembro de 1976.
Art. 19. Esta Lei entra em vigor na data de sua publicação.
Brasília, 2 de agosto de 2010; 189º da Independência e 122º da República.

Lei nº 12.351, de 22 de dezembro de 2010

> *Dispõe sobre a exploração e a produção de petróleo, de gás natural e de outros hidrocarbonetos fluidos, sob o regime de partilha de produção, em áreas do pré-sal e em áreas estratégicas; cria o Fundo Social – FS e dispõe sobre sua estrutura e fontes de recursos; altera dispositivos da Lei nº 9.478, de 6 de agosto de 1997; e dá outras providências.*

O PRESIDENTE DA REPÚBLICA Faço saber que o Congresso Nacional decreta e eu sanciono a seguinte Lei:

CAPÍTULO I
DISPOSIÇÕES PRELIMINARES

Art. 1º Esta Lei dispõe sobre a exploração e a produção de petróleo, de gás natural e de outros hidrocarbonetos fluidos em áreas do pré-sal e em áreas estratégicas, cria o Fundo Social – FS e dispõe sobre sua estrutura e fontes de recursos, e altera a Lei nº 9.478, de 6 de agosto de 1997.

CAPÍTULO II
DAS DEFINIÇÕES TÉCNICAS

Art. 2º Para os fins desta Lei, são estabelecidas as seguintes definições:
I – partilha de produção: regime de exploração e produção de petróleo, de gás natural e de outros hidrocarbonetos fluidos no qual o contratado exerce, por sua conta e risco, as atividades de exploração, avaliação, desenvolvimento e produção e, em caso de descoberta comercial, adquire o direito à apropriação do custo em óleo, do volume da produção correspondente aos royalties devidos, bem como de parcela do excedente em óleo, na proporção, condições e prazos estabelecidos em contrato;
II – custo em óleo: parcela da produção de petróleo, de gás natural e de outros hidrocarbonetos fluidos, exigível unicamente em caso de descoberta comercial, correspondente aos custos e aos investimentos realizados pelo contratado na execução das atividades de exploração, avaliação, desenvolvimento, produção e desativação das instalações, sujeita a limites, prazos e condições estabelecidos em contrato;
III – excedente em óleo: parcela da produção de petróleo, de gás natural e de outros hidrocarbonetos fluidos a ser repartida entre a União e o contratado, segundo critérios definidos em contrato, resultante da diferença entre o volume total da produção e as parcelas relativas ao custo em óleo, aos royalties devidos e, quando exigível, à participação de que trata o art. 43;
IV – área do pré-sal: região do subsolo formada por um prisma vertical de profundidade indeterminada, com superfície poligonal definida pelas coordenadas geográficas de seus vértices estabelecidas no Anexo desta Lei, bem como outras regiões que venham a ser delimitadas em ato do Poder Executivo, de acordo com a evolução do conhecimento geológico;
V – área estratégica: região de interesse para o desenvolvimento nacional, delimitada em ato do Poder Executivo, caracterizada pelo baixo risco exploratório e elevado potencial de produção de petróleo, de gás natural e de outros hidrocarbonetos fluidos;
VI – operador: o responsável pela condução e execução, direta ou indireta, de todas as atividades de exploração, avaliação, desenvolvimento, produção e desativação das instalações de exploração e produção; (Redação dada pela Lei nº 13.365, de 2016)
VII – contratado: a Petrobras, quando for realizada a contratação direta, nos termos do art. 8º, inciso I, desta Lei, ou a empresa ou o consórcio de empresas vencedor da licitação para a exploração e produção de petróleo, de gás natural e de outros hidrocarbonetos fluidos em regime de partilha de produção; (Redação dada pela Lei nº 13.365, de 2016)

VIII – conteúdo local: proporção entre o valor dos bens produzidos e dos serviços prestados no País para execução do contrato e o valor total dos bens utilizados e dos serviços prestados para essa finalidade;
IX – individualização da produção: procedimento que visa à divisão do resultado da produção e ao aproveitamento racional dos recursos naturais da União, por meio da unificação do desenvolvimento e da produção relativos à jazida que se estenda além do bloco concedido ou contratado sob o regime de partilha de produção;
X – ponto de medição: local definido no plano de desenvolvimento de cada campo onde é realizada a medição volumétrica do petróleo ou do gás natural produzido, conforme regulação da Agência Nacional do Petróleo, Gás Natural e Biocombustíveis – ANP;
XI – ponto de partilha: local em que há divisão entre a União e o contratado de petróleo, de gás natural e de outros hidrocarbonetos fluidos produzidos, nos termos do respectivo contrato de partilha de produção;
XII – bônus de assinatura: valor fixo devido à União pelo contratado, a ser pago no ato da celebração e nos termos do respectivo contrato de partilha de produção; e
XIII – royalties: compensação financeira devida aos Estados, ao Distrito Federal e aos Municípios, bem como a órgãos da administração direta da União, em função da produção de petróleo, de gás natural e de outros hidrocarbonetos fluidos sob o regime de partilha de produção, nos termos do §1º do art. 20 da Constituição Federal.

CAPÍTULO III
DO REGIME DE PARTILHA DE PRODUÇÃO

Seção I
Disposições Gerais

Art. 3º A exploração e a produção de petróleo, de gás natural e de outros hidrocarbonetos fluidos na área do pré-sal e em áreas estratégicas serão contratadas pela União sob o regime de partilha de produção, na forma desta Lei.
Art. 4º O Conselho Nacional de Política Energética (CNPE), considerando o interesse nacional, oferecerá à Petrobras a preferência para ser operador dos blocos a serem contratados sob o regime de partilha de produção. (Redação dada pela Lei nº 13.365, de 2016)
§1º A Petrobras deverá manifestar-se sobre o direito de preferência em cada um dos blocos ofertados, no prazo de até 30 (trinta) dias a partir da comunicação pelo CNPE, apresentando suas justificativas. (Incluído pela Lei nº 13.365, de 2016)
§2º Após a manifestação da Petrobras, o CNPE proporá à Presidência da República quais blocos deverão ser operados pela empresa, indicando sua participação mínima no consórcio previsto no art. 20, que não poderá ser inferior a 30% (trinta por cento). (Incluído pela Lei nº 13.365, de 2016)
Art. 5º A União não assumirá os riscos das atividades de exploração, avaliação, desenvolvimento e produção decorrentes dos contratos de partilha de produção.
Art. 6º Os custos e os investimentos necessários à execução do contrato de partilha de produção serão integralmente suportados pelo contratado, cabendo-lhe, no caso de descoberta comercial, a sua restituição nos termos do inciso II do art. 2º.
Parágrafo único. A União, por intermédio de fundo específico criado por lei, poderá participar dos investimentos nas atividades de exploração, avaliação, desenvolvimento e produção na área do pré-sal e em áreas estratégicas, caso em que assumirá os riscos correspondentes à sua participação, nos termos do respectivo contrato.
Art. 7º Previamente à contratação sob o regime de partilha de produção, o Ministério de Minas e Energia, diretamente ou por meio da ANP, poderá promover a avaliação do potencial das áreas do pré-sal e das áreas estratégicas.
Parágrafo único. A Petrobras poderá ser contratada diretamente para realizar estudos exploratórios necessários à avaliação prevista no caput.

Art. 8º A União, por intermédio do Ministério de Minas e Energia, celebrará os contratos de partilha de produção:
I – diretamente com a Petrobras, dispensada a licitação; ou
II – mediante licitação na modalidade leilão.
§1º A gestão dos contratos previstos no caput caberá à empresa pública a ser criada com este propósito.
§2º A empresa pública de que trata o §1º deste artigo não assumirá os riscos e não responderá pelos custos e investimentos referentes às atividades de exploração, avaliação, desenvolvimento, produção e desativação das instalações de exploração e produção decorrentes dos contratos de partilha de produção.

Seção II
Das Competências do Conselho Nacional de Política Energética – CNPE

Art. 9º O Conselho Nacional de Política Energética – CNPE tem como competências, entre outras definidas na legislação, propor ao Presidente da República:
I – o ritmo de contratação dos blocos sob o regime de partilha de produção, observando-se a política energética e o desenvolvimento e a capacidade da indústria nacional para o fornecimento de bens e serviços;
II – os blocos que serão destinados à contratação direta com a Petrobras sob o regime de partilha de produção;
III – os blocos que serão objeto de leilão para contratação sob o regime de partilha de produção;
IV – os parâmetros técnicos e econômicos dos contratos de partilha de produção;
V – a delimitação de outras regiões a serem classificadas como área do pré-sal e áreas a serem classificadas como estratégicas, conforme a evolução do conhecimento geológico;
VI – a política de comercialização do petróleo destinado à União nos contratos de partilha de produção, observada a prioridade de abastecimento do mercado nacional; (Redação dada pela Lei nº 13.679, de 2018)
VII – a política de comercialização do gás natural proveniente dos contratos de partilha de produção, observada a prioridade de abastecimento do mercado nacional.
VIII – a indicação da Petrobras como operador, nos termos do art. 4º; (Incluído pela Lei nº 13.365, de 2016)
IX – a participação mínima da Petrobras caso a empresa seja indicada como operador, nos termos do art. 4º. (Incluído pela Lei nº 13.365, de 2016)

Seção III
Das Competências do Ministério de Minas e Energia

Art. 10. Caberá ao Ministério de Minas e Energia, entre outras competências:
I – planejar o aproveitamento do petróleo e do gás natural;
II – propor ao CNPE, ouvida a ANP, a definição dos blocos que serão objeto de concessão ou de partilha de produção;
III – propor ao CNPE os seguintes parâmetros técnicos e econômicos dos contratos de partilha de produção:
a) os critérios para definição do excedente em óleo da União;
b) o percentual mínimo do excedente em óleo da União;
c) a indicação da Petrobras como operador e sua participação mínima, nos termos do art. 4º; (Redação dada pela Lei nº 13.365, de 2016)
d) os limites, prazos, critérios e condições para o cálculo e apropriação pelo contratado do custo em óleo e do volume da produção correspondente aos royalties devidos;
e) o conteúdo local mínimo e outros critérios relacionados ao desenvolvimento da indústria nacional; e
f) o valor do bônus de assinatura, bem como a parcela a ser destinada à empresa pública de que trata o §1º do art. 8º;

IV – estabelecer as diretrizes a serem observadas pela ANP para promoção da licitação prevista no inciso II do art. 8º, bem como para a elaboração das minutas dos editais e dos contratos de partilha de produção; e
V – aprovar as minutas dos editais de licitação e dos contratos de partilha de produção elaboradas pela ANP.
§1º Ao final de cada semestre, o Ministério de Minas e Energia emitirá relatório sobre as atividades relacionadas aos contratos de partilha de produção.
§2º O relatório será publicado até 30 (trinta) dias após o encerramento do semestre, assegurado amplo acesso ao público.

Seção IV
Das Competências da Agência Nacional do Petróleo,
Gás Natural e Biocombustíveis – ANP

Art. 11. Caberá à ANP, entre outras competências definidas em lei:
I – promover estudos técnicos para subsidiar o Ministério de Minas e Energia na delimitação dos blocos que serão objeto de contrato de partilha de produção;
II – elaborar e submeter à aprovação do Ministério de Minas e Energia as minutas dos contratos de partilha de produção e dos editais, no caso de licitação;
III – promover as licitações previstas no inciso II do art. 8º desta Lei;
IV – fazer cumprir as melhores práticas da indústria do petróleo;
V – analisar e aprovar, de acordo com o disposto no inciso IV deste artigo, os planos de exploração, de avaliação e de desenvolvimento da produção, bem como os programas anuais de trabalho e de produção relativos aos contratos de partilha de produção; e
VI – regular e fiscalizar as atividades realizadas sob o regime de partilha de produção, nos termos do inciso VII do art. 8º da Lei nº 9.478, de 6 de agosto de 1997.

Seção V
Da Contratação Direta

Art. 12. O CNPE proporá ao Presidente da República os casos em que, visando à preservação do interesse nacional e ao atendimento dos demais objetivos da política energética, a Petrobras será contratada diretamente pela União para a exploração e produção de petróleo, de gás natural e de outros hidrocarbonetos fluidos sob o regime de partilha de produção.
Parágrafo único. Os parâmetros da contratação prevista no caput serão propostos pelo CNPE, nos termos do inciso IV do art. 9º e do inciso III do art. 10, no que couber.

Seção VI
Da Licitação

Art. 13. A licitação para a contratação sob o regime de partilha de produção obedecerá ao disposto nesta Lei, nas normas a serem expedidas pela ANP e no respectivo edital.
Art. 14. A Petrobras poderá participar da licitação prevista no inciso II do art. 8º, inclusive para ampliar sua participação mínima definida nos termos do art. 4º. (Redação dada pela Lei nº 13.365, de 2016)

Subseção I
Do Edital de Licitação

Art. 15. O edital de licitação será acompanhado da minuta básica do respectivo contrato e indicará, obrigatoriamente:
I – o bloco objeto do contrato de partilha de produção;
II – o critério de julgamento da licitação, nos termos do art. 18;
III – o percentual mínimo do excedente em óleo da União;

IV – a formação do consórcio previsto no art. 20 e, nos termos do art. 4º, caso a Petrobras seja indicada como operador, a participação mínima desta empresa; (Redação dada pela Lei nº 13.365, de 2016)
V – os limites, prazos, critérios e condições para o cálculo e apropriação pelo contratado do custo em óleo e do volume da produção correspondente aos royalties devidos;
VI – os critérios para definição do excedente em óleo do contratado;
VII – o programa exploratório mínimo e os investimentos estimados correspondentes;
VIII – o conteúdo local mínimo e outros critérios relacionados ao desenvolvimento da indústria nacional;
IX – o valor do bônus de assinatura, bem como a parcela a ser destinada à empresa pública de que trata o §1º do art. 8º;
X – as regras e as fases da licitação;
XI – as regras aplicáveis à participação conjunta de empresas na licitação;
XII – a relação de documentos exigidos e os critérios de habilitação técnica, jurídica, econômico-financeira e fiscal dos licitantes;
XIII – a garantia a ser apresentada pelo licitante para sua habilitação;
XIV – o prazo, o local e o horário em que serão fornecidos aos licitantes os dados, estudos e demais elementos e informações necessários à elaboração das propostas, bem como o custo de sua aquisição; e
XV – o local, o horário e a forma para apresentação das propostas.
Art. 16. Quando permitida a participação conjunta de empresas na licitação, o edital conterá, entre outras, as seguintes exigências:
I – comprovação de compromisso, público ou particular, de constituição do consórcio previsto no art. 20, subscrito pelas proponentes;
II – indicação da empresa responsável no processo licitatório, sem prejuízo da responsabilidade solidária das demais proponentes;
III – apresentação, por parte de cada uma das empresas proponentes, dos documentos exigidos para efeito de avaliação da qualificação técnica e econômico-financeira do consórcio a ser constituído; e
IV – proibição de participação de uma mesma empresa, conjunta ou isoladamente, em mais de uma proposta na licitação de um mesmo bloco.
Art. 17. O edital conterá a exigência de que a empresa estrangeira que concorrer, em conjunto com outras empresas ou isoladamente, deverá apresentar com sua proposta, em envelope separado:
I – prova de capacidade técnica, idoneidade financeira e regularidade jurídica e fiscal;
II – inteiro teor dos atos constitutivos e prova de se encontrar organizada e em funcionamento regular, conforme a lei de seu país;
III – designação de um representante legal perante a ANP, com poderes especiais para a prática de atos e assunção de responsabilidades relativamente à licitação e à proposta apresentada; e
IV – compromisso de constituir empresa segundo as leis brasileiras, com sede e administração no Brasil, caso seja vencedora da licitação.

Subseção II
Do Julgamento da Licitação

Art. 18. O julgamento da licitação identificará a proposta mais vantajosa segundo o critério da oferta de maior excedente em óleo para a União, respeitado o percentual mínimo definido nos termos da alínea *b* do inciso III do art. 10.

Seção VII
Do Consórcio

Art. 19. A Petrobras, quando contratada diretamente ou no caso de ser vencedora isolada da licitação, deverá constituir consórcio com a empresa pública de que trata o §1º do art. 8º desta Lei, na forma do disposto no art. 279 da Lei nº 6.404, de 15 de dezembro de 1976.

Art. 20. O licitante vencedor deverá constituir consórcio com a empresa pública de que trata o §1º do art. 8º desta Lei e com a Petrobras, nos termos do art. 4º, caso ela seja indicada como operadora, na forma do disposto no art. 279 da Lei nº 6.404, de 15 de dezembro de 1976. (Redação dada pela Lei nº 13.365, de 2016)
§1º A participação da Petrobras no consórcio implicará sua adesão às regras do edital e à proposta vencedora.
§2º Os direitos e as obrigações patrimoniais da Petrobras e dos demais contratados serão proporcionais à sua participação no consórcio.
§3º Caso a Petrobras seja indicada como operador, nos termos do art. 4º, o contrato de constituição de consórcio deverá designá-la como responsável pela execução do contrato, sem prejuízo da responsabilidade solidária das consorciadas perante o contratante ou terceiros, observado o disposto no §2º do art. 8º desta Lei. (Redação dada pela Lei nº 13.365, de 2016)
Art. 21. A empresa pública de que trata o §1º do art. 8º integrará o consórcio como representante dos interesses da União no contrato de partilha de produção.
Art. 22. A administração do consórcio caberá ao seu comitê operacional.
Art. 23. O comitê operacional será composto por representantes da empresa pública de que trata o §1º do art. 8º e dos demais consorciados.
Parágrafo único. A empresa pública de que trata o §1º do art. 8º indicará a metade dos integrantes do comitê operacional, inclusive o seu presidente, cabendo aos demais consorciados a indicação dos outros integrantes.
Art. 24. Caberá ao comitê operacional:
I – definir os planos de exploração, a serem submetidos à análise e à aprovação da ANP;
II – definir o plano de avaliação de descoberta de jazida de petróleo e de gás natural a ser submetido à análise e à aprovação da ANP;
III – declarar a comercialidade de cada jazida descoberta e definir o plano de desenvolvimento da produção do campo, a ser submetido à análise e à aprovação da ANP;
IV – definir os programas anuais de trabalho e de produção, a serem submetidos à análise e à aprovação da ANP;
V – analisar e aprovar os orçamentos relacionados às atividades de exploração, avaliação, desenvolvimento e produção previstas no contrato;
VI – supervisionar as operações e aprovar a contabilização dos custos realizados;
VII – definir os termos do acordo de individualização da produção a ser firmado com o titular da área adjacente, observado o disposto no Capítulo IV desta Lei; e
VIII – outras atribuições definidas no contrato de partilha de produção.
Art. 25. O presidente do comitê operacional terá poder de veto e voto de qualidade, conforme previsto no contrato de partilha de produção.
Art. 26. A assinatura do contrato de partilha de produção ficará condicionada à comprovação do arquivamento do instrumento constitutivo do consórcio no Registro do Comércio do lugar de sua sede.

Seção VIII
Do Contrato de Partilha de Produção

Art. 27. O contrato de partilha de produção preverá 2 (duas) fases:
I – a de exploração, que incluirá as atividades de avaliação de eventual descoberta de petróleo ou gás natural, para determinação de sua comercialidade; e
II – a de produção, que incluirá as atividades de desenvolvimento.
Art. 28. O contrato de partilha de produção de petróleo, de gás natural e de outros hidrocarbonetos fluidos não se estende a qualquer outro recurso natural, ficando o operador obrigado a informar a sua descoberta, nos termos do inciso I do art. 30.
Art. 29. São cláusulas essenciais do contrato de partilha de produção:
I – a definição do bloco objeto do contrato;

II – a obrigação de o contratado assumir os riscos das atividades de exploração, avaliação, desenvolvimento e produção;
III – a indicação das garantias a serem prestadas pelo contratado;
IV – o direito do contratado à apropriação do custo em óleo, exigível unicamente em caso de descoberta comercial;
V – os limites, prazos, critérios e condições para o cálculo e apropriação pelo contratado do custo em óleo e do volume da produção correspondente aos royalties devidos;
VI – os critérios para cálculo do valor do petróleo ou do gás natural, em função dos preços de mercado, da especificação do produto e da localização do campo;
VII – as regras e os prazos para a repartição do excedente em óleo, podendo incluir critérios relacionados à eficiência econômica, à rentabilidade, ao volume de produção e à variação do preço do petróleo e do gás natural, observado o percentual estabelecido segundo o disposto no art. 18;
VIII – as atribuições, a composição, o funcionamento e a forma de tomada de decisões e de solução de controvérsias no âmbito do comitê operacional;
IX – as regras de contabilização, bem como os procedimentos para acompanhamento e controle das atividades de exploração, avaliação, desenvolvimento e produção;
X – as regras para a realização de atividades, por conta e risco do contratado, que não implicarão qualquer obrigação para a União ou contabilização no valor do custo em óleo;
XI – o prazo de duração da fase de exploração e as condições para sua prorrogação;
XII – o programa exploratório mínimo e as condições para sua revisão;
XIII – os critérios para formulação e revisão dos planos de exploração e de desenvolvimento da produção, bem como dos respectivos planos de trabalho, incluindo os pontos de medição e de partilha de petróleo, de gás natural e de outros hidrocarbonetos fluidos produzidos;
XIV – a obrigatoriedade de o contratado fornecer à ANP e à empresa pública de que trata o §1º do art. 8º relatórios, dados e informações relativos à execução do contrato;
XV – os critérios para devolução e desocupação de áreas pelo contratado, inclusive para a retirada de equipamentos e instalações e para a reversão de bens;
XVI – as penalidades aplicáveis em caso de inadimplemento das obrigações contratuais;
XVII – os procedimentos relacionados à cessão dos direitos e obrigações relativos ao contrato, conforme o disposto no art. 31;
XVIII – as regras sobre solução de controvérsias, que poderão prever conciliação e arbitragem;
XIX – o prazo de vigência do contrato, limitado a 35 (trinta e cinco) anos, e as condições para a sua extinção;
XX – o valor e a forma de pagamento do bônus de assinatura;
XXI – a obrigatoriedade de apresentação de inventário periódico sobre as emissões de gases que provocam efeito estufa – GEF, ao qual se dará publicidade, inclusive com cópia ao Congresso Nacional;
XXII – a apresentação de plano de contingência relativo a acidentes por vazamento de petróleo, de gás natural, de outros hidrocarbonetos fluidos e seus derivados; e
XXIII – a obrigatoriedade da realização de auditoria ambiental de todo o processo operacional de retirada e distribuição de petróleo e gás oriundos do pré-sal.
Art. 30. O operador do contrato de partilha de produção deverá: (Redação dada pela Lei nº 13.365, de 2016)
I – informar ao comitê operacional e à ANP, no prazo contratual, a descoberta de qualquer jazida de petróleo, de gás natural, de outros hidrocarbonetos fluidos ou de quaisquer minerais;
II – submeter à aprovação do comitê operacional o plano de avaliação de descoberta de jazida de petróleo, de gás natural e de outros hidrocarbonetos fluidos, para determinação de sua comercialidade;

III – realizar a avaliação da descoberta de jazida de petróleo e de gás natural nos termos do plano de avaliação aprovado pela ANP, apresentando relatório de comercialidade ao comitê operacional;
IV – submeter ao comitê operacional o plano de desenvolvimento da produção do campo, bem como os planos de trabalho e de produção, contendo cronogramas e orçamentos;
V – adotar as melhores práticas da indústria do petróleo, obedecendo às normas e aos procedimentos técnicos e científicos pertinentes e utilizando técnicas apropriadas de recuperação, objetivando a racionalização da produção e o controle do declínio das reservas; e
VI – encaminhar ao comitê operacional todos os dados e documentos relativos às atividades realizadas.

Art. 31. A cessão dos direitos e obrigações relativos ao contrato de partilha de produção somente poderá ocorrer mediante prévia e expressa autorização do Ministério de Minas e Energia, ouvida a ANP, observadas as seguintes condições:
I – preservação do objeto contratual e de suas condições;
II – atendimento, por parte do cessionário, dos requisitos técnicos, econômicos e jurídicos estabelecidos pelo Ministério de Minas e Energia; e
III – exercício do direito de preferência dos demais consorciados, na proporção de suas participações no consórcio.
Parágrafo único. A Petrobras somente poderá ceder a participação nos contratos de partilha de produção que obtiver como vencedora da licitação, nos termos do art. 14.

Art. 32. O contrato de partilha de produção extinguir-se-á:
I – pelo vencimento de seu prazo;
II – por acordo entre as partes;
III – pelos motivos de resolução nele previstos;
IV – ao término da fase de exploração, sem que tenha sido feita qualquer descoberta comercial, conforme definido no contrato;
V – pelo exercício do direito de desistência pelo contratado na fase de exploração, desde que cumprido o programa exploratório mínimo ou pago o valor correspondente à parcela não cumprida, conforme previsto no contrato; e
VI – pela recusa em firmar o acordo de individualização da produção, após decisão da ANP.
§1º A devolução de áreas não implicará obrigação de qualquer natureza para a União nem conferirá ao contratado qualquer direito de indenização pelos serviços e bens.
§2º Extinto o contrato de partilha de produção, o contratado fará a remoção dos equipamentos e bens que não sejam objeto de reversão, ficando obrigado a reparar ou a indenizar os danos decorrentes de suas atividades e a praticar os atos de recuperação ambiental determinados pelas autoridades competentes.

CAPÍTULO IV
DA INDIVIDUALIZAÇÃO DA PRODUÇÃO

Art. 33. O procedimento de individualização da produção de petróleo, de gás natural e de outros hidrocarbonetos fluidos deverá ser instaurado quando se identificar que a jazida se estende além do bloco concedido ou contratado sob o regime de partilha de produção.
§1º O concessionário ou o contratado sob o regime de partilha de produção deverá informar à ANP que a jazida será objeto de acordo de individualização da produção.
§2º A ANP determinará o prazo para que os interessados celebrem o acordo de individualização da produção, observadas as diretrizes do CNPE.

Art. 34. A ANP regulará os procedimentos e as diretrizes para elaboração do acordo de individualização da produção, o qual estipulará:
I – a participação de cada uma das partes na jazida individualizada, bem como as hipóteses e os critérios de sua revisão;
II – o plano de desenvolvimento da área objeto de individualização da produção; e

III – os mecanismos de solução de controvérsias.
Parágrafo único. A ANP acompanhará a negociação entre os interessados sobre os termos do acordo de individualização da produção.
Art. 35. O acordo de individualização da produção indicará o operador da respectiva jazida.
Art. 36. A União, representada pela empresa pública referida no §1º do art. 8º e com base nas avaliações realizadas pela ANP, celebrará com os interessados, nos casos em que as jazidas da área do pré-sal e das áreas estratégicas se estendam por áreas não concedidas ou não partilhadas, acordo de individualização da produção, cujos termos e condições obrigarão o futuro concessionário ou contratado sob regime de partilha de produção.
§1º A ANP deverá fornecer à empresa pública referida no §1º do art. 8º todas as informações necessárias para o acordo de individualização da produção.
§2º O regime de exploração e produção a ser adotado nas áreas de que trata o caput independe do regime vigente nas áreas adjacentes.
Art. 37. A União, representada pela ANP, celebrará com os interessados, após as devidas avaliações, nos casos em que a jazida não se localize na área do pré-sal ou em áreas estratégicas e se estenda por áreas não concedidas, acordo de individualização da produção, cujos termos e condições obrigarão o futuro concessionário.
Art. 38. A ANP poderá contratar diretamente a Petrobras para realizar as atividades de avaliação das jazidas previstas nos arts. 36 e 37.
Art. 39. Os acordos de individualização da produção serão submetidos à prévia aprovação da ANP.
Parágrafo único. A ANP deverá se manifestar em até 60 (sessenta) dias, contados do recebimento da proposta de acordo.
Art. 40. Transcorrido o prazo de que trata o §2º do art. 33 e não havendo acordo entre as partes, caberá à ANP determinar, em até 120 (cento e vinte) dias e com base em laudo técnico, a forma como serão apropriados os direitos e as obrigações sobre a jazida e notificar as partes para que firmem o respectivo acordo de individualização da produção.
Parágrafo único. A recusa de uma das partes em firmar o acordo de individualização da produção implicará resolução dos contratos de concessão ou de partilha de produção.
Art. 41. O desenvolvimento e a produção da jazida ficarão suspensos enquanto não aprovado o acordo de individualização da produção, exceto nos casos autorizados e sob as condições definidas pela ANP.

CAPÍTULO V
DAS RECEITAS GOVERNAMENTAIS NO REGIME DE PARTILHA DE PRODUÇÃO

Art. 42. O regime de partilha de produção terá as seguintes receitas governamentais:
I – royalties; e
II – bônus de assinatura.
§1º Os royalties, com alíquota de 15% (quinze por cento) do valor da produção, correspondem à compensação financeira pela exploração do petróleo, de gás natural e de outros hidrocarbonetos líquidos de que trata o §1º do art. 20 da Constituição Federal, sendo vedado, em qualquer hipótese, seu ressarcimento ao contratado e sua inclusão no cálculo do custo em óleo. (Redação dada pela Lei nº 12.734, de 2012
§2º O bônus de assinatura não integra o custo em óleo e corresponde a valor fixo devido à União pelo contratado, devendo ser estabelecido pelo contrato de partilha de produção e pago no ato da sua assinatura, sendo vedado, em qualquer hipótese, seu ressarcimento ao contratado. (Redação dada pela Lei nº 12.734, de 2012
Art. 42-A. Os royalties serão pagos mensalmente pelo contratado em moeda nacional, e incidirão sobre a produção de petróleo, de gás natural e de outros hidrocarbonetos fluidos, calculados a partir da data de início da produção comercial. (Incluído pela Lei nº 12.734, de 2012)

§1º Os critérios para o cálculo do valor dos royalties serão estabelecidos em ato do Poder Executivo, em função dos preços de mercado do petróleo, do gás natural e de outros hidrocarbonetos fluidos, das especificações do produto e da localização do campo. (Incluído pela Lei nº 12.734, de 2012)

§2º A queima de gás em flares, em prejuízo de sua comercialização, e a perda de produto ocorrida sob a responsabilidade do contratado serão incluídas no volume total da produção a ser computada para cálculo dos royalties, sob os regimes de concessão e partilha, e para cálculo da participação especial, devida sob regime de concessão. (Incluído pela Lei nº 12.734, de 2012)

Art. 42-B. Os royalties devidos em função da produção de petróleo, de gás natural e de outros hidrocarbonetos fluidos sob o regime de partilha de produção serão distribuídos da seguinte forma: (Incluído pela Lei nº 12.734, de 2012)

I – quando a produção ocorrer em terra, rios, lagos, ilhas lacustres ou fluviais: (Incluído pela Lei nº 12.734, de 2012)

a) 20% (vinte por cento) para os Estados ou o Distrito Federal, se for o caso, produtores; (Incluído pela Lei nº 12.734, de 2012)

b) 10% (dez por cento) para os Municípios produtores; (Incluído pela Lei nº 12.734, de 2012)

c) 5% (cinco por cento) para os Municípios afetados por operações de embarque e desembarque de petróleo, gás natural e outro hidrocarboneto fluido, na forma e critérios estabelecidos pela Agência Nacional do Petróleo, Gás Natural e Biocombustíveis (ANP); (Incluído pela Lei nº 12.734, de 2012)

d) 25% (vinte e cinco por cento) para constituição de fundo especial, a ser distribuído entre Estados e o Distrito Federal, se for o caso, de acordo com os seguintes critérios:

1. os recursos serão distribuídos somente para os Estados e, se for o caso, o Distrito Federal, que não tenham recebido recursos em decorrência do disposto na alínea "a" deste inciso, na alínea "a" do inciso II deste artigo, na alínea "a" do inciso II dos arts. 48 e 49 da Lei nº 9.478, de 6 de agosto de 1997, e no inciso II do §2º do art. 50 da Lei nº 9.478, de 6 de agosto de 1997; (Incluído pela Lei nº 12.734, de 2012)

2. o rateio dos recursos do fundo especial obedecerá às mesmas regras do rateio do Fundo de Participação dos Estados e do Distrito Federal (FPE), de que trata o art. 159 da Constituição; (Incluído pela Lei nº 12.734, de 2012)

3. o percentual que o FPE destina aos Estados e ao Distrito Federal, se for o caso, que serão excluídos do rateio dos recursos do fundo especial em decorrência do disposto no item 1 será redistribuído entre os demais Estados e o Distrito Federal, se for o caso, proporcionalmente às suas participações no FPE; (Incluído pela Lei nº 12.734, de 2012)

4. o Estado produtor ou confrontante, e o Distrito Federal, se for produtor, poderá optar por receber os recursos do fundo especial de que trata esta alínea, desde que não receba recursos em decorrência do disposto na alínea "a" deste inciso, na alínea "a" do inciso II deste artigo, na alínea "a" do inciso II dos arts. 48 e 49 da Lei nº 9.478, de 6 de agosto de 1997, e no inciso II do §2º do art. 50 da Lei nº 9.478, de 6 de agosto de 1997; (Incluído pela Lei nº 12.734, de 2012)

5. os recursos que Estados produtores ou confrontantes, ou que o Distrito Federal, se for o caso, tenham deixado de arrecadar em função da opção prevista no item 4 serão adicionados aos recursos do fundo especial de que trata esta alínea; (Incluído pela Lei nº 12.734, de 2012)

e) 25% (vinte e cinco por cento) para constituição de fundo especial, a ser distribuído entre os Municípios de acordo com os seguintes critérios: (Incluído pela Lei nº 12.734, de 2012)

1. os recursos serão distribuídos somente para os Municípios que não tenham recebido recursos em decorrência do disposto nas alíneas "b" e "c" deste inciso e do inciso II deste artigo, nas alíneas "b" e "c" do inciso II dos arts. 48 e 49 da Lei nº 9.478, de 6 de agosto de 1997, e no inciso III do §2º do art. 50 da Lei nº 9.478, de 6 de agosto de 1997; (Incluído pela Lei nº 12.734, de 2012)

2. o rateio dos recursos do fundo especial obedecerá às mesmas regras do rateio do Fundo de Participação dos Municípios (FPM), de que trata o art. 159 da Constituição; (Incluído pela Lei nº 12.734, de 2012)
3. o percentual que o FPE destina aos Estados e ao Distrito Federal, se for o caso, que serão excluídos do rateio dos recursos do fundo especial em decorrência do disposto no item 1 será redistribuído entre os demais Estados e o Distrito Federal, se for o caso, proporcionalmente às suas participações no FPE; (Incluído pela Lei nº 12.734, de 2012)
4. o Estado produtor ou confrontante, e o Distrito Federal, se for produtor, poderá optar por receber os recursos do fundo especial de que trata esta alínea, desde que não receba recursos em decorrência do disposto na alínea "a" deste inciso, na alínea "a" do inciso II deste artigo, na alínea "a" do inciso II dos arts. 48 e 49 da Lei nº 9.478, de 6 de agosto de 1997, e no inciso II do §2º do art. 50 da Lei nº 9.478, de 6 de agosto de 1997; (Incluído pela Lei nº 12.734, de 2012)
5. os recursos que Estados produtores ou confrontantes, ou que o Distrito Federal, se for o caso, tenham deixado de arrecadar em função da opção prevista no item 4 serão adicionados aos recursos do fundo especial de que trata esta alínea; (Incluído pela Lei nº 12.734, de 2012)
f) 15% (quinze por cento) para a União, a ser destinado ao Fundo Social, instituído por esta Lei, deduzidas as parcelas destinadas aos órgãos específicos da Administração Direta da União, nos termos do regulamento do Poder Executivo; (Incluído pela Lei nº 12.734, de 2012)
II – quando a produção ocorrer na plataforma continental, no mar territorial ou na zona econômica exclusiva: (Incluído pela Lei nº 12.734, de 2012)
a) 22% (vinte e dois por cento) para os Estados confrontantes; (Incluído pela Lei nº 12.734, de 2012)
b) 5% (cinco por cento) para os Municípios confrontantes; (Incluído pela Lei nº 12.734, de 2012)
c) 2% (dois por cento) para os Municípios afetados por operações de embarque e desembarque de petróleo, gás natural e outro hidrocarboneto fluido, na forma e critérios estabelecidos pela ANP; (Incluído pela Lei nº 12.734, de 2012)
d) 24,5% (vinte e quatro inteiros e cinco décimos por cento) para constituição de fundo especial, a ser distribuído entre Estados e o Distrito Federal, se for o caso, de acordo com os seguintes critérios: (Incluído pela Lei nº 12.734, de 2012)
1. os recursos serão distribuídos somente para os Estados e, se for o caso, o Distrito Federal, que não tenham recebido recursos em decorrência do disposto na alínea "a" do inciso I e deste inciso II, na alínea "a" do inciso II dos arts. 48 e 49 da Lei nº 9.478, de 6 de agosto de 1997, e no inciso II do §2º do art. 50 da Lei nº 9.478, de 6 de agosto de 1997; (Incluído pela Lei nº 12.734, de 2012)
2. o rateio dos recursos do fundo especial obedecerá às mesmas regras do rateio do Fundo de Participação dos Estados e do Distrito Federal (FPE), de que trata o art. 159 da Constituição; (Incluído pela Lei nº 12.734, de 2012)
3. o percentual que o FPE destina aos Estados e ao Distrito Federal, se for o caso, que serão excluídos do rateio dos recursos do fundo especial em decorrência do disposto no item 1 será redistribuído entre os demais Estados e o Distrito Federal, se for o caso, proporcionalmente às suas participações no FPE; (Incluído pela Lei nº 12.734, de 2012)
4. o Estado produtor ou confrontante, e o Distrito Federal, se for produtor, poderá optar por receber os recursos do fundo especial de que trata esta alínea, desde que não receba recursos em decorrência do disposto na alínea "a" do inciso I e deste inciso II, na alínea "a" do inciso II dos arts. 48 e 49 da Lei nº 9.478, de 6 de agosto de 1997, e no inciso II do §2º do art. 50 da Lei nº 9.478, de 6 de agosto de 1997; (Incluído pela Lei nº 12.734, de 2012)
5. os recursos que Estados produtores ou confrontantes, ou que o Distrito Federal, se for o caso, tenham deixado de arrecadar em função da opção prevista no item 4 serão

adicionados aos recursos do fundo especial de que trata esta alínea; (Incluído pela Lei nº 12.734, de 2012)

e) 24,5% (vinte e quatro inteiros e cinco décimos por cento) para constituição de fundo especial, a ser distribuído entre os Municípios de acordo com os seguintes critérios: (Incluído pela Lei nº 12.734, de 2012)

1. os recursos serão distribuídos somente para os Municípios que não tenham recebido recursos em decorrência do disposto nas alíneas "b" e "c" do inciso I e deste inciso II, nas alíneas "b" e "c" do inciso II dos arts. 48 e 49 da Lei nº 9.478, de 6 de agosto de 1997, e no inciso III do §2º do art. 50 da Lei nº 9.478, de 6 de agosto de 1997; (Incluído pela Lei nº 12.734, de 2012)

2. o rateio dos recursos do fundo especial obedecerá às mesmas regras do rateio do Fundo de Participação dos Municípios (FPM), de que trata oart. 159 da Constituição; (Incluído pela Lei nº 12.734, de 2012)

3. o percentual que o FPM destina aos Municípios que serão excluídos do rateio dos recursos do fundo especial em decorrência do disposto no item 1 será redistribuído entre Municípios proporcionalmente às suas participações no FPM; (Incluído pela Lei nº 12.734, de 2012)

4. o Município produtor ou confrontante poderá optar por receber os recursos do fundo especial de que trata esta alínea, desde que não receba recursos em decorrência do disposto nas alíneas "b" e "c" do inciso I e deste inciso II, nas alíneas "b" e "c" do inciso II dos arts. 48 e 49 da Lei nº 9.478, de 6 de agosto de 1997, e no inciso III do §2º do art. 50 da Lei nº 9.478, de 6 de agosto de 1997; (Incluído pela Lei nº 12.734, de 2012)

5. os recursos que Municípios produtores ou confrontantes tenham deixado de arrecadar em função da opção prevista no item 4 serão adicionados aos recursos do fundo especial de que trata esta alínea; (Incluído pela Lei nº 12.734, de 2012)

f) 22% (vinte e dois por cento) para a União, a ser destinado ao Fundo Social, instituído por esta Lei, deduzidas as parcelas destinadas aos órgãos específicos da Administração Direta da União, nos termos do regulamento do Poder Executivo. (Incluído pela Lei nº 12.734, de 2012) (Vide Medida Provisória nº 592, de 2012)

§1º A soma dos valores referentes aos royalties devidos aos Municípios nos termos das alíneas "b" e "c" dos incisos I e II deste artigo, com os royalties devidos nos termos das alíneas "b" e "c" dos incisos I e II dos arts. 48 e 49 da Lei nº 9.478, de 6 de agosto de 1997, com a participação especial devida nos termos do inciso III do §2º do art. 50 da Lei nº 9.478, de 6 de agosto de 1997, ficarão limitados ao maior dos seguintes valores: (Incluído pela Lei nº 12.734, de 2012)

I – os valores que o Município recebeu a título de royalties e participação especial em 2011; (Incluído pela Lei nº 12.734, de 2012)

II – 2 (duas) vezes o valor per capita distribuído pelo FPM, calculado em nível nacional, multiplicado pela população do Município. (Incluído pela Lei nº 12.734, de 2012)

§2º A parcela dos royalties de que trata este artigo que contribuiu para o valor que exceder o limite de pagamentos aos Municípios em decorrência do disposto no §1º será transferida para o fundo especial de que trata a alínea "e" dos incisos I e II. (Incluído pela Lei nº 12.734, de 2012)

§3º Os pontos de entrega às concessionárias de gás natural produzido no País serão considerados instalações de embarque e desembarque, para fins de pagamento de royalties aos Municípios afetados por essas operações, em razão do disposto na alínea "c" dos incisos I e II. (Incluído pela Lei nº 12.734, de 2012)

§4º A opção dos Estados, Distrito Federal e Municípios de que trata o item 4 das alíneas "d" e "e" dos incisos I e II poderá ser feita após conhecido o valor dos royalties e da participação especial a serem distribuídos, nos termos do regulamento.' (Incluído pela Lei nº 12.734, de 2012)

Art. 42-C. Os recursos do fundo especial de que tratam os incisos I e II do caput do art. 42-B terão a destinação prevista no art. 50-E da Lei nº 9.478, de 6 de agosto de 1997. (Incluído pela Lei nº 12.734, de 2012)

Art. 43. O contrato de partilha de produção, quando o bloco se localizar em terra, conterá cláusula determinando o pagamento, em moeda nacional, de participação equivalente a até 1% (um por cento) do valor da produção de petróleo ou gás natural aos proprietários da terra onde se localiza o bloco.

§1º A participação a que se refere o caput será distribuída na proporção da produção realizada nas propriedades regularmente demarcadas na superfície do bloco, vedada a sua inclusão no cálculo do custo em óleo.

§2º O cálculo da participação de terceiro de que trata o caput será efetivado pela ANP.

Art. 44. Não se aplicará o disposto no art. 50 da Lei nº 9.478, de 6 de agosto de 1997, aos contratos de partilha de produção.

CAPÍTULO VI
DA COMERCIALIZAÇÃO DO PETRÓLEO, DO GÁS NATURAL E DE OUTROS HIDROCARBONETOS FLUIDOS DA UNIÃO

Art. 45. O petróleo, o gás natural e outros hidrocarbonetos fluidos destinados à União serão comercializados de acordo com as normas do direito privado, dispensada a licitação, segundo a política de comercialização referida nos incisos VI e VII do art. 9º.

Parágrafo único. A empresa pública de que trata o §1º do art. 8º, representando a União, poderá contratar diretamente a Petrobras, dispensada a licitação, como agente comercializador do petróleo, do gás natural e de outros hidrocarbonetos fluidos referidos no caput.

Art. 46. A receita advinda da comercialização referida no art. 45 será destinada ao Fundo Social, conforme dispõem os arts. 47 a 60.

CAPÍTULO VII
DO FUNDO SOCIAL – FS

Seção I
Da Definição e Objetivos do Fundo Social – FS

Art. 47. É criado o Fundo Social – FS, de natureza contábil e financeira, vinculado à Presidência da República, com a finalidade de constituir fonte de recursos para o desenvolvimento social e regional, na forma de programas e projetos nas áreas de combate à pobreza e de desenvolvimento:

I – da educação;
II – da cultura;
III – do esporte;
IV – da saúde pública;
V – da ciência e tecnologia;
VI – do meio ambiente; e
VII – de mitigação e adaptação às mudanças climáticas.

§1º Os programas e projetos de que trata o caput observarão o plano plurianual – PPA, a lei de diretrizes orçamentárias – LDO e as respectivas dotações consignadas na lei orçamentária anual – LOA.

§2º (VETADO)

Art. 48. O FS tem por objetivos:

I – constituir poupança pública de longo prazo com base nas receitas auferidas pela União;
II – oferecer fonte de recursos para o desenvolvimento social e regional, na forma prevista no art. 47; e
III – mitigar as flutuações de renda e de preços na economia nacional, decorrentes das variações na renda gerada pelas atividades de produção e exploração de petróleo e de outros recursos não renováveis.

Parágrafo único. É vedado ao FS, direta ou indiretamente, conceder garantias.

Seção II
Dos Recursos do Fundo Social – FS

Art. 49. Constituem recursos do FS:

I – parcela do valor do bônus de assinatura destinada ao FS pelos contratos de partilha de produção;

II – parcela dos royalties que cabe à União, deduzidas aquelas destinadas aos seus órgãos específicos, conforme estabelecido nos contratos de partilha de produção, na forma do regulamento;

III – receita advinda da comercialização de petróleo, de gás natural e de outros hidrocarbonetos fluidos da União, conforme definido em lei;

IV – os royalties e a participação especial das áreas localizadas no pré-sal contratadas sob o regime de concessão destinados à administração direta da União, observado o disposto nos §§1º e 2º deste artigo;

V – os resultados de aplicações financeiras sobre suas disponibilidades; e

VI – outros recursos destinados ao FS por lei.

§1º A Lei nº 9.478, de 6 de agosto de 1997, passa a vigorar com as seguintes alterações:
"Art. 49. ....
§3º Nas áreas localizadas no pré-sal contratadas sob o regime de concessão, a parcela dos royalties que cabe à administração direta da União será destinada integralmente ao fundo de natureza contábil e financeira, criado por lei específica, com a finalidade de constituir fonte de recursos para o desenvolvimento social e regional, na forma de programas e projetos nas áreas de combate à pobreza e de desenvolvimento da educação, da cultura, do esporte, da saúde pública, da ciência e tecnologia, do meio ambiente e de mitigação e adaptação às mudanças climáticas, vedada sua destinação aos órgãos específicos de que trata este artigo." (NR)

"Art. 50. ....
§4º Nas áreas localizadas no pré-sal contratadas sob o regime de concessão, a parcela da participação especial que cabe à administração direta da União será destinada integralmente ao fundo de natureza contábil e financeira, criado por lei específica, com a finalidade de constituir fonte de recursos para o desenvolvimento social e regional, na forma de programas e projetos nas áreas de combate à pobreza e de desenvolvimento da educação, da cultura, do esporte, da saúde pública, da ciência e tecnologia, do meio ambiente e de mitigação e adaptação às mudanças climáticas, vedada sua destinação aos órgãos específicos de que trata este artigo." (NR)

§2º O cumprimento do disposto no §1º deste artigo obedecerá a regra de transição, a critério do Poder Executivo, estabelecida na forma do regulamento. (Vide Medida Provisória nº 592, 2012)

Seção III
Da Política de Investimentos do Fundo Social

Art. 50. A política de investimentos do FS tem por objetivo buscar a rentabilidade, a segurança e a liquidez de suas aplicações e assegurar sua sustentabilidade econômica e financeira para o cumprimento das finalidades definidas nos arts. 47 e 48.

Parágrafo único. Os investimentos e aplicações do FS serão destinados preferencialmente a ativos no exterior, com a finalidade de mitigar a volatilidade de renda e de preços na economia nacional.

Art. 51. Os recursos do FS para aplicação nos programas e projetos a que se refere o art. 47 deverão ser os resultantes do retorno sobre o capital.

Parágrafo único. Constituído o FS e garantida a sua sustentabilidade econômica e financeira, o Poder Executivo, na forma da lei, poderá propor o uso de percentual de recursos do principal para a aplicação nas finalidades previstas no art. 47, na etapa inicial de formação de poupança do fundo.

Art. 52. A política de investimentos do FS será definida pelo Comitê de Gestão Financeira do Fundo Social – CGFFS.

§1º O CGFFS terá sua composição e funcionamento estabelecidos em ato do Poder Executivo, assegurada a participação do Ministro de Estado da Fazenda, do Ministro de Estado do Planejamento, Orçamento e Gestão e do Presidente do Banco Central do Brasil.

§2º Aos membros do CGFFS não cabe qualquer tipo de remuneração pelo desempenho de suas funções.

§3º As despesas relativas à operacionalização do CGFFS serão custeadas pelo FS.

Art. 53. Cabe ao CGFFS definir:
I – o montante a ser resgatado anualmente do FS, assegurada sua sustentabilidade financeira;
II – a rentabilidade mínima esperada;
III – o tipo e o nível de risco que poderão ser assumidos na realização dos investimentos, bem como as condições para que o nível de risco seja minimizado;
IV – os percentuais, mínimo e máximo, de recursos a serem investidos no exterior e no País;
V – a capitalização mínima a ser atingida antes de qualquer transferência para as finalidades e os objetivos definidos nesta Lei.

Art. 54. A União, a critério do CGFFS, poderá contratar instituições financeiras federais para atuarem como agentes operadores do FS, as quais farão jus a remuneração pelos serviços prestados.

Art. 55. A União poderá participar, com recursos do FS, como cotista única, de fundo de investimento específico.

Parágrafo único. O fundo de investimento específico de que trata este artigo deve ser constituído por instituição financeira federal, observadas as normas a que se refere o inciso XXII do art. 4º da Lei nº 4.595, de 31 de dezembro de 1964.

Art. 56. O fundo de investimento de que trata o art. 55 deverá ter natureza privada e patrimônio próprio separado do patrimônio do cotista e do administrador, sujeitando-se a direitos e obrigações próprias.

§1º A integralização das cotas do fundo de investimento será autorizada em ato do Poder Executivo, ouvido o CGFFS.

§2º O fundo de investimento terá por finalidade promover a aplicação em ativos no Brasil e no exterior.

§3º O fundo de investimento responderá por suas obrigações com os bens e direitos integrantes de seu patrimônio, ficando o cotista obrigado somente pela integralização das cotas que subscrever.

§4º A dissolução do fundo de investimento dar-se-á na forma de seu estatuto, e seus recursos retornarão ao FS.

§5º Sobre as operações de crédito, câmbio e seguro e sobre rendimentos e lucros do fundo de investimento não incidirá qualquer imposto ou contribuição social de competência da União.

§6º O fundo de investimento deverá elaborar os demonstrativos contábeis de acordo com a legislação em vigor e conforme o estabelecido no seu estatuto.

Art. 57. O estatuto do fundo de investimento definirá, inclusive, as políticas de aplicação, critérios e níveis de rentabilidade e de risco, questões operacionais da gestão administrativa e financeira e regras de supervisão prudencial de investimentos.

Seção IV
Da Gestão do Fundo Social

Art. 58. É criado o Conselho Deliberativo do Fundo Social – CDFS, com a atribuição de propor ao Poder Executivo, ouvidos os Ministérios afins, a prioridade e a destinação dos recursos resgatados do FS para as finalidades estabelecidas no art. 47, observados o PPA, a LDO e a LOA.

§1º A composição, as competências e o funcionamento do CDFS serão estabelecidos em ato do Poder Executivo.

§2º Aos membros do CDFS não cabe qualquer tipo de remuneração pelo desempenho de suas funções.

§3º A destinação de recursos para os programas e projetos definidos como prioritários pelo CDFS é condicionada à prévia fixação de metas, prazo de execução e planos de avaliação, em coerência com as disposições estabelecidas no PPA.

§4º O CDFS deverá submeter os programas e projetos a criteriosa avaliação quantitativa e qualitativa durante todas as fases de execução, monitorando os impactos efetivos sobre a população e nas regiões de intervenção, com o apoio de instituições públicas e universitárias de pesquisa.

§5º Os recursos do FS destinados aos programas e projetos de que trata o art. 47 devem observar critérios de redução das desigualdades regionais.

Art. 59. As demonstrações contábeis e os resultados das aplicações do FS serão elaborados e apurados semestralmente, nos termos previstos pelo órgão central de contabilidade de que trata o inciso I do art. 17 da Lei nº 10.180, de 6 de fevereiro de 2001.

Parágrafo único. Ato do Poder Executivo definirá as regras de supervisão do FS, sem prejuízo da fiscalização dos entes competentes.

Art. 60. O Poder Executivo encaminhará trimestralmente ao Congresso Nacional relatório de desempenho do FS, conforme disposto em regulamento do Fundo.

CAPÍTULO VIII
DISPOSIÇÕES FINAIS E TRANSITÓRIAS

Art. 61. Aplicam-se às atividades de exploração, avaliação, desenvolvimento e produção de que trata esta Lei os regimes aduaneiros especiais e os incentivos fiscais aplicáveis à indústria de petróleo no Brasil.

Art. 62. A Lei nº 9.478, de 6 de agosto de 1997, passa a vigorar com as seguintes alterações:

"Art. 2º ....

VIII – definir os blocos a serem objeto de concessão ou partilha de produção;

IX – definir a estratégia e a política de desenvolvimento econômico e tecnológico da indústria de petróleo, de gás natural e de outros hidrocarbonetos fluidos, bem como da sua cadeia de suprimento;

X – induzir o incremento dos índices mínimos de conteúdo local de bens e serviços, a serem observados em licitações e contratos de concessão e de partilha de produção, observado o disposto no inciso IX.

...." (NR)

"Art. 5º As atividades econômicas de que trata o art. 4º desta Lei serão reguladas e fiscalizadas pela União e poderão ser exercidas, mediante concessão, autorização ou contratação sob o regime de partilha de produção, por empresas constituídas sob as leis brasileiras, com sede e administração no País." (NR)

"Art. 8º ....

II – promover estudos visando à delimitação de blocos, para efeito de concessão ou contratação sob o regime de partilha de produção das atividades de exploração, desenvolvimento e produção;

...." (NR)

"Art. 21. Todos os direitos de exploração e produção de petróleo, de gás natural e de outros hidrocarbonetos fluidos em território nacional, nele compreendidos a parte terrestre, o mar territorial, a plataforma continental e a zona econômica exclusiva, pertencem à União, cabendo sua administração à ANP, ressalvadas as competências de outros órgãos e entidades expressamente estabelecidas em lei." (NR)

"Art. 22. ....

§3º O Ministério de Minas e Energia terá acesso irrestrito e gratuito ao acervo a que se refere o caput deste artigo, com o objetivo de realizar estudos e planejamento setorial, mantido o sigilo a que esteja submetido, quando for o caso." (NR)

"Art. 23. As atividades de exploração, desenvolvimento e produção de petróleo e de gás natural serão exercidas mediante contratos de concessão, precedidos de licitação, na forma estabelecida nesta Lei, ou sob o regime de partilha de produção nas áreas do pré-sal e nas áreas estratégicas, conforme legislação específica.
...." (NR)

Art. 63. Enquanto não for criada a empresa pública de que trata o §1º do art. 8º, suas competências serão exercidas pela União, por intermédio da ANP, podendo ainda ser delegadas por meio de ato do Poder Executivo.

Art. 64. (VETADO)

Art. 65. O Poder Executivo estabelecerá política e medidas específicas visando ao aumento da participação de empresas de pequeno e médio porte nas atividades de exploração, desenvolvimento e produção de petróleo e gás natural.

Parágrafo único. O Poder Executivo regulamentará o disposto no caput no prazo de 120 (cento e vinte) dias, contado da data de publicação desta Lei.

Art. 66. O Poder Executivo regulamentará o disposto nesta Lei.

Art. 67. Revogam-se o §1º do art. 23 e o art. 27 da Lei nº 9.478, de 6 de agosto de 1997.

Art. 68. Esta Lei entra em vigor na data de sua publicação.

Brasília, 22 de dezembro de 2010; 189º da Independência e 122º da República.

LUIZ INÁCIO LULA DA SILVA
Guido Mantega
Miguel Jorge
Márcio Pereira Zimmermann
Paulo Bernardo Silva
Sergio Machado Rezende
Carlos E. Esteves Lima
Alexandre Rocha Santos Padilha
Luis Inácio Lucena Adams

ANEXO
POLÍGONO PRÉ-SAL

COORDENADAS POLICÔNICA/SAD69/MC54		
Longitude (W)	Latitude (S)	Vértices
5828309.85	7131717.65	1
5929556.50	7221864.57	2
6051237.54	7283090.25	3
6267090.28	7318567.19	4
6435210.56	7528148.23	5
6424907.47	7588826.11	6
6474447.16	7641777.76	7
6549160.52	7502144.27	8
6502632.19	7429577.67	9
6152150.71	7019438.85	10
5836128.16	6995039.24	11
5828309.85	7131717.65	1

Decreto nº 8.637, de 15 de janeiro de 2016

Institui o Programa de Estímulo à Competitividade da Cadeia Produtiva, ao Desenvolvimento e ao Aprimoramento de Fornecedores do Setor de Petróleo e Gás Natural.

A PRESIDENTA DA REPÚBLICA, no uso da atribuição que lhe confere o art. 84, caput, inciso VI, alínea "a", da Constituição, DECRETA:

Art. 1º Fica instituído o Programa de Estímulo à Competitividade da Cadeia Produtiva, ao Desenvolvimento e ao Aprimoramento de Fornecedores do Setor de Petróleo e Gás Natural – Pedefor, com os seguintes objetivos:

I – elevar a competitividade da cadeia produtiva de fornecedores no País;
II – estimular a engenharia nacional;
III – promover a inovação tecnológica em segmentos estratégicos;
IV – ampliar a cadeia de fornecedores de bens, serviços e sistemas produzidos no País;
V – ampliar o nível de conteúdo local dos fornecedores já instalados; e
VI – estimular a criação de empresas de base tecnológica.

Art. 2º A implementação do Programa ocorrerá por meio de:

I – incentivo aos fornecedores no País, a partir da valoração, no âmbito da política de conteúdo local do setor de petróleo e gás, de um percentual de conteúdo local superior ao efetivamente existente para os bens, serviços e sistemas de caráter estratégico, incluindo:
a) engenharia desenvolvida localmente;
b) desenvolvimento e inovação tecnológica realizados no País;
c) elevado potencial de geração de empregos qualificados; e
d) promoção de exportações; e

II – bonificação, a partir da concessão de Unidades de Conteúdo Local – UCL, a consórcios ou empresas que, no exercício das atividades de exploração e produção de petróleo e gás natural, promovam no País:
a) a celebração de contratos de compra de bens, serviços e sistemas que tenham viabilizado a instalação de novos fornecedores no País;
b) o investimento direto na expansão da capacidade produtiva de fornecedores;
c) o investimento direto no processo de inovação tecnológica de fornecedores;
d) a compra de bens e sistemas no País, com conteúdo local, para atendimento a operações no exterior; e
e) a aquisição de lotes pioneiros de bens e sistemas desenvolvidos no País.

§1º Para os efeitos deste Decreto, considera-se UCL o montante equivalente de investimentos realizados, expresso em valor monetário, que poderá ser utilizado por empresa ou por consórcio na comprovação do atendimento aos compromissos de conteúdo local junto à Agência Nacional do Petróleo, Gás Natural e Biocombustíveis – ANP.

§2º Para fins de concessão de bonificação, em relação às alíneas "c" e "e" do inciso II do caput, não poderão ser qualificados investimentos, realizados por empresas ou por consórcios, provenientes de recursos obrigatórios previstos na cláusula de Pesquisa e Desenvolvimento dos contratos de exploração e produção de petróleo e gás natural.

§3º Poderão ser definidos, no âmbito das competências do Comitê Diretivo, de que trata o art. 3º, outros elementos e formas para alcançar os objetivos do Programa.

§4º Os incentivos e as bonificações de que tratam os incisos I e II do caput serão considerados no cumprimento dos compromissos assumidos com conteúdo local.

Art. 3º O Programa será coordenado por Comitê Diretivo, que terá as seguintes competências:

I – definir os bens e os segmentos industriais a serem estimulados por meio de bonificações ou por elevação do percentual de conteúdo local efetivo;
II – definir as áreas tecnológicas a serem estimuladas;

III – definir os incrementos de conteúdo local a serem considerados para cada bem ou segmento, por meio de incentivos a fornecedores, nos termos do inciso I do caput do art. 2º;
IV – definir as bonificações a serem concedidas nos termos do inciso II do caput do art. 2º;
V – definir os segmentos nos quais as bonificações não poderão ser utilizadas para o cumprimento dos compromissos de conteúdo local;
VI – definir limites para a utilização de bonificações na compensação de obrigações contratuais de empresas ou consórcios;
VII – apreciar os projetos encaminhados pelo Comitê Técnico-Operativo e o seu enquadramento no Programa;
VIII – encaminhar à ANP, por meio de resoluções, as conclusões sobre o enquadramento dos projetos no Programa;
IX – propor adequações nos índices de conteúdo local a serem aplicados aos contratos de exploração e produção de petróleo e gás natural;
X – solicitar análise de impacto das medidas adotadas;
XI – propor ao Conselho Nacional de Política Energética diretrizes e aperfeiçoamentos às Políticas Governamentais dirigidas à competitividade do setor de petróleo e gás natural e de sua cadeia de suprimentos;
XII – propor diretrizes e aperfeiçoamentos às regras para aplicação, pelas empresas de petróleo e gás natural, dos recursos destinados à pesquisa, ao desenvolvimento e à inovação, nos termos previstos nos contratos de concessão, cessão onerosa e partilha de produção; e
XIII – aprovar seu regimento interno.
Art. 4º O Comitê Diretivo será composto por um representante titular e um suplente, indicados pelos seguintes órgãos e entidades:
I – Casa Civil da Presidência da República;
II – Ministério da Fazenda;
III – Ministério do Desenvolvimento, Indústria e Comércio Exterior;
IV – Ministério de Minas e Energia;
V – Ministério da Ciência, Tecnologia e Inovação;
VI – Agência Nacional do Petróleo, Gás Natural e Biocombustíveis – ANP;
VII – Banco Nacional de Desenvolvimento Econômico e Social – BNDES; e
VIII – Financiadora de Estudos e Projetos – FINEP.
Parágrafo único. A critério do Comitê Diretivo, poderão ser convidados representantes de outros Ministérios, organizações, empresas e entidades ligadas ao setor.
Art. 5º As decisões do Comitê Diretivo serão públicas e emanadas por meio de resoluções.
Art. 6º A coordenação do Comitê Diretivo será exercida de forma rotativa entre os representantes dos Ministérios que o compõem, pelo período de um ano.
Art. 7º A Secretaria-Executiva do Comitê Diretivo ficará a cargo do Ministério do Desenvolvimento, Indústria e Comércio Exterior.
Art. 8º O regimento interno do Comitê Diretivo deverá ser aprovado no prazo de até noventa dias, contado da data de publicação deste Decreto.
Art. 9º O Programa será implementado por Comitê Técnico-Operativo, que terá as seguintes competências:
I – executar as deliberações emitidas pelo Comitê Diretivo;
II – subsidiar tecnicamente os trabalhos do Comitê Diretivo;
III – subsidiar o Comitê Diretivo na proposição de diretrizes e aperfeiçoamentos ao Programa;
IV – subsidiar o Comitê Diretivo na proposição de adequações nos índices de conteúdo local dos contratos de exploração e produção de petróleo e gás natural;
V – apreciar os projetos encaminhados pela ANP, relativos à concessão de UCL aos operadores ou contratados e a autorização de multiplicadores de conteúdo local aos fornecedores, e se manifestar sobre o seu enquadramento nas diretrizes estabelecidas pelo Comitê Diretivo;

VI – submeter ao Comitê Diretivo os projetos que atendam aos requisitos para enquadramento, com parecer técnico;
VII – fiscalizar a implementação dos projetos enquadrados pelo Comitê Diretivo e atestar a sua conclusão; e
VIII – aprovar seu regimento interno.
Parágrafo único. Para o exercício de suas atribuições, o Comitê Técnico-Operativo poderá solicitar, a qualquer tempo, informações ou documentos adicionais sobre o pleito das empresas ou dos consórcios.
Art. 10. O Comitê Técnico-Operativo será composto por um representante titular e um suplente, indicados pelos seguintes órgãos e entidades:
I – Casa Civil da Presidência da República;
II – Ministério da Fazenda;
III – Ministério do Desenvolvimento, Indústria e Comércio Exterior;
IV – Ministério de Minas e Energia;
V – Ministério da Ciência, Tecnologia e Inovação;
VI – Agência Nacional do Petróleo, Gás Natural e Biocombustíveis – ANP;
VII – Banco Nacional de Desenvolvimento Econômico e Social – BNDES; e
VIII – Financiadora de Estudos e Projetos – FINEP.
Parágrafo único. A critério do Comitê Técnico-Operativo, poderão ser convidados representantes de outros Ministérios, organizações, empresas e entidades ligadas ao setor.
Art. 11. As proposições do Comitê Técnico-Operativo ocorrerão por meio da emissão de pareceres técnicos.
Art. 12. A coordenação do Comitê Técnico-Operativo será exercida de forma rotativa entre as instituições que o compõem, pelo período de um ano.
Art. 13. A Secretaria-Executiva do Comitê Técnico-Operativo será definida em seu regimento interno.
Art. 14. O regimento interno do Comitê Técnico-Operativo deverá ser aprovado no prazo de até noventa dias, contado da data de publicação deste Decreto.
Art. 15. Os projetos deverão ser apresentados à ANP, que efetuará o encaminhamento ao Comitê Técnico-Operativo.
Art. 16. Fica vedada a duplicidade de indicação de representantes para os Comitês de que trata este Decreto.
Art. 17. Este Decreto entra em vigor na data de sua publicação.
Brasília, 15 de janeiro de 2016; 195º da Independência e 128º da República.

DILMA ROUSSEFF
Armando Monteiro
Eduardo Braga
Celso Pansera

Esta obra foi composta em fonte Palatino Linotype, corpo 10
e impressa em papel Pólen Bold 70g (miolo) e Supremo 250g (capa)
pela Laser Plus Gráfica, em Belo Horizonte/MG.